Alltag im Konzentrationslager Mittelbau-Dora

Frank Wiedemann

Alltag im Konzentrationslager Mittelbau-Dora

Methoden und Strategien des Überlebens der Häftlinge

PETER LANG
Frankfurt am Main · Berlin · Bern · Bruxelles · New York · Oxford · Wien

Bibliografische Information der Deutschen Nationalbibliothek
Die Deutsche Nationalbibliothek verzeichnet diese Publikation in der Deutschen Nationalbibliografie; detaillierte bibliografische Daten sind im Internet über http://dnb.d-nb.de abrufbar.

Cover Design:
Olaf Gloeckler, Atelier Platen, Friedberg

Gedruckt auf alterungsbeständigem,
säurefreiem Papier.

ISBN 978-3-631-60263-8

www.peterlang.de

Vorwort

von Hans-Dieter Schmid

Die Forschung über die Konzentrationslager hat in den letzten Jahren einen signifikanten Wandel erfahren. Noch bis vor wenigen Jahren hatte die Geschichte der einzelnen Konzentrationslager als zentralen Institutionen des NS-Terrors und die ihrer zentralen Verwaltung und institutionellen Einbindung in das System des „SS-Staates“, auch die Entwicklung des Systems der Konzentrationslager im Verlauf der zwölf Jahre der NS-Herrschaft und die Abgrenzung der Konzentrationslager gegenüber anderen Lagertypen der nationalsozialistischen „Lagergesellschaft“ im Vordergrund des Interesses gestanden. In den letzten Jahren hat jedoch ein deutlicher Perspektivenwechsel stattgefunden, durch den der Fokus nun stärker auf die Opfer des KZ-Systems gerichtet wird – auf die verschiedenen Opfergruppen, besonders solche, die früher eher vernachlässigt wurden wie Frauen, „Asoziale“, Sinti und Roma, und auf die Untersuchung von Leben und Sterben im Lageralltag, aber auch auf Überleben und Verarbeiten der traumatischen Lagererfahrung. Die Studie von Frank Wiedemann reiht sich in diese Entwicklung ein. Ihr Thema ist der Alltag der Häftlinge in dem 1943 als Außenlager des Konzentrationslagers Buchenwald gegründeten und erst im Herbst 1944 zum selbständigen KZ erhobenen Konzentrationslager Mittelbau-Dora bei Nordhausen im nördlichsten Zipfel Thüringens. Das Lager diente im Wesentlichen der Untertageverlagerung der Raketenproduktion von Peenemünde in ein Stollensystem, dem ab März 1944 die Flugzeugproduktion der Junkerswerke folgte. Es war berüchtigt für seine mörderischen Lebensbedingungen, zumal die Häftlinge im ersten Jahr ausschließlich in den Stollen selbst untergebracht waren. Mittelbau-Dora repräsentiert die letzte Phase der Entwicklung des KZ-Systems. War in der ersten Phase der Lager zu Beginn der NS-Herrschaft der Terror gegen die politischen Gegner das Ziel der oft noch improvisierten SS-Lager, so veränderte sich das in der zweiten Phase mit dem systematischen Aufbau der „neuen“ Lager ab 1936 (vor allem Buchenwald, Sachsenhausen, in gewisser Weise auch Dachau) hin zur kriminalbiologischen und rassistischen Prävention („vorbeugende Verbrechensbekämpfung“ durch die Kriminalpolizei) und zum Aufbau eines SS-eigenen Wirtschaftsimperiums auf der Grundlage von kostenloser Häftlingsarbeit, um sich in der dritten Phase ab 1941 erneut zu wandeln in ein schnell expandierendes System massenhafter Zwangsarbeit im Dienste der Kriegsproduktion.

Das Konzentrationslager Mittelbau-Dora, das letzte von der SS gegründete KZ-Hauptlager, war einerseits – in seiner ausschließlichen Ausrichtung auf die Ausbeutung massenhafter Zwangsarbeit im Dienste der Rüstung – typisch für diese dritte Phase, andererseits eröffnete es in der brutalen Rücksichtslosigkeit der Ausbeutung der Häftlinge in den Stollen des Kohnstein eine neue Dimension des

Grauens, die von einem Häftling in der Rückschau treffend als „kalte Hölle" bezeichnet wurde. Es bezeichnete also zugleich die äußerste Zuspitzung dessen, was Konzentrationslager in dieser dritten Phase bedeutete: Ausbeutung von menschlicher Arbeitskraft ohne die geringste Rücksicht auf Gesundheit und Leben der Häftlinge – mörderische „Vernichtung durch Arbeit" als System. Studien über den Alltag in einem solchen Konzentrationslager müssen sich daher immer fragen lassen, inwieweit ihre Ergebnisse repräsentativ sein können für das gesamte KZ-System bzw. welche Ergebnisse für die Gesamtheit der Lager verallgemeinerbar und welche spezifisch für die besonderen Bedingungen des Konzentrationslagers Mittelbau-Dora sind.

Die Studie von Frank Wiedemann greift ein zentrales Thema der Auseinandersetzung mit dem Thema Konzentrationslage heraus: Sie fragt nach strukturellen Bedingungen und individuellen Strategien der Häftlinge, die auch unter den mörderischen Verhältnissen des Konzentrationslagers Mittelbau-Dora das Überleben möglich machten. Dabei bearbeitet Wiedemann seine Fragestellung konsequent aus der Perspektive der Opfer. Seine Quellen sind ein Dutzend gedruckte und noch einmal etwa doppelt soviel ungedruckte Erlebnisberichte – „Überlebensberichte" – von ehemaligen Häftlingen aus der Dokumentationsstelle der KZ-Gedenkstätte Mittelbau-Dora. Er bettet diese Quellen ein in eine breite Diskussion der Forschungsansätze und Forschungsergebnisse der Psychoanalyse und der Sozialpsychologie in Bezug auf die psychischen Auswirkungen der KZ-Haft und deren Folgen für die Häftlingsberichte. Neben der intensiven Analyse dieser Berichte im Hinblick auf das Untersuchungsthema ist die Bestimmung des Quellenwerts der Erinnerungsberichte unter Einbeziehung sozial- und individualpsychologischer Ansätze eine der Stärken der vorliegenden Studie.

Das grundlegende Ergebnis der Studie von Wiedemann ist die Feststellung, dass sich auf der Grundlage der Häftlingsberichte selbst unter den unmenschlichen Bedingungen des KZs Mittelbau-Dora Verhaltensweisen und Strategien nachweisen lassen, die ein Überleben in dieser „kalten Hölle" zwar nicht garantieren, aber doch wahrscheinlicher machen konnten. Das erscheint zunächst wenig aufregend, ist aber angesichts der allgegenwärtigen Gewalt und der extremen Depravierung der Häftlinge in diesem Lager keineswegs selbstverständlich. Neben bestimmten physischen und psychischen Voraussetzungen– bei letzteren misst Wiedemann der Fähigkeit zur Anpassung an das Regelsystem des „SS-Staats" besondere Bedeutung bei – betont er vor allem die Einbindung in eine Kleingruppe als Grundvoraussetzung für das Überleben im Lager. Bei den meisten Überlebensstrategien hebt der Verfasser die ambivalenten Wirkungen hervor, weil zum einen die Bevorzugung eines Häftlings notwendigerweise immer zugleich negative Folgen für andere Häftlinge mit sich brachte, zum andern aber auch weil eine Überlebenstechnik, wie etwa die Aufnahme in das Krankenrevier, auch gegenteilige Folgen haben konnte – zum Beispiel durch die Gefahr der Ansteckung.

Diese Ambivalenz der Überlebensstrategien, die zwar einerseits das eigene Überleben sicherstellen konnten, andererseits aber zwangsläufig meist zugleich auf Kosten der Überlebenschancen von Mithäftlingen gingen, verursachten bei den Überlebenden Schuldgefühle, die sie meist ihr Leben lang mit sich herumtrugen. Der amerikanische Psychiater William G. Niederland hat dafür bereits in den 1960er Jahren den Begriff des „Überlebenden-Syndroms" geprägt; heute spricht man in der Psychiatrie von „posttraumatischer Belastungsstörung". Beide Begriffe stehen für die zunächst absurd erscheinende Tatsache, dass die überlebenden Opfer des NS-Terrors zeitlebens an einer auf Schuldgefühlen basierenden Traumatisierung litten und leiden, während die Täter durch eine auf dem Zusammenwirken von erfolgreichem Vergessen und Berufung auf Befehl und Befehlsnotstand beruhenden Strategie in der Regel keine großen Probleme hatten, alle Schuldgefühle abzuweisen bzw. zu verdrängen.

Schließlich bietet die Studie von Frank Wiedemann auch Anregungen für weitere vergleichende Studien zu der behandelten Thematik, also zum Beispiel der Frage nach allgemeinen Faktoren, die die Überlebenschancen in Konzentrationslagern erhöhen konnten, und solchen Faktoren, die spezifisch für die besonderen Bedingungen eines Lagers wie Mittelbau-Dora sein dürften. So scheint das von Wiedemann konstatierte Fehlen eines ansonsten weithin als besonders wichtig akzeptierten Faktors wie die kulturellen Betätigungen der Häftlinge als lebensverlängernde Strategie in den Berichten aus Mittelbau-Dora möglicherweise auf ein solches Spezifikum hinzuweisen, das sich aus den besonders unmenschlichen Lebens- und Arbeitsbedingungen in diesem Konzentrationslager, die gar keinen Raum für kulturelle Betätigungen ließen, erklären könnten. Es bleibt abzuwarten, ob sich eine solche Vermutung durch vergleichbare Untersuchungen zu anderen Lagern, die sehr zu wünschen wären, verifizieren lässt.

Hannover, im Februar 2010 Hans-Dieter Schmid

Inhaltsverzeichnis

Abkürzungsverzeichnis

A4	- Aggregat 4
A.d.Vfs.	- Anmerkung des Verfassers
DMD	- Dokumentationsstelle KZ-Gedenkstätte Mittelbau-Dora
DP Camp	- Displaced Person Camp
Gestapo	- Geheime Staatspolizei
HKB	- Häftlingskrankenbau
IKL	- Inspektion der Konzentrationslager
IdKL	- Inspekteur der Konzentrationslager
KZ	- Konzentrationslager
M-D	- KZ-Komplex Mittelbau-Dora
NSDAP	- Nationalsozialistische Deutsche Arbeiterpartei
PTSD	- Posttraumatische Belastungsstörung
RSHA	- Reichsicherheitshauptamt
SD	- Sicherheitsdienst
SS	- Schutzstaffel
Sipo	- Sicherheitspolizei
Wifo	- Wirtschaftliche Forschungsgesellschaft
WVHA	- Wirtschaftsverwaltungshauptamt

Dora, Dora

Dora, Dora, menschenfressender Tunnel mit
verfluchtem Namen,
unter Leiden gebohrt und mit Blut zementiert,
kannst du Körper verbrennen. Deine höllische
Grausamkeit, die uns alle auf den gleichen
Rang reduziert, wird niemals unseren Geist besitzen.

Du vermischst das Willenlose, das Anständige
und das Verbrechen.
Du nimmst vom Essen, du nimmst vom Schlaf.
Schläge sind der Nachtisch, das Wiegenlied
lautet Auf-der-Hut-sein.
Trotz allem, widersteht unser Geist deiner Herrschaft.

Du findest Gefallen an unendlichen Appellen,
im Schnee, im kalten Nordwind, im Matsch
und im Regen.
Du weidest dich gierig an mehr als einem Todeskampf.
Der Geist der erbärmlichen Wesen bleibt frei.

Dein Felsstaub und die verpestete Luft,
deine Erschöpfung und dein Hunger, deine Kälte,
haben einfach unsere Lungen in einem Kampf
ohne Ruhm besiegt.
Den Schmerz beherrschend ist der Geist uns geblieben.

Durch Zwangsarbeit, ohne Liebe und ohne Glauben
Wolltest du die Hölle für jede menschliche
Nummer sein;
Du wirst niemals mehr als ein trauriger Vorraum sein,
denn die Hölle ist ohne Gott, aber Gott wohnt in dir.[1]

---

1 Anonymes Gedicht zitiert nach Mouton, André: Unverhoffte Wiederkehr aus dem Harz. Goslar 1999. S. 214. Die Versform wurde teilweise für eine übersichtlichere Darstellung angepasst.

Einleitung

Gab es Möglichkeiten das Überleben in Mittelbau-Dora (M-D) zu sichern? Mittels welcher Überlebensstrategien war es Häftlingen möglich, das Lager und die Zwangsarbeit zu überleben? Welche Methoden konnten einerseits im Lageralltag bewusst angewandt werden und welche Faktoren waren andererseits dem Zufall überlassen? Diese Fragen stellen den Schwerpunkt der folgenden Untersuchung dar. Sie werden jedoch nicht wie gewöhnlich anhand des üblichen Quellenfundus der Konzentrationslager (KZ) - der Dokumente und Statistiken des NS-Machtstaates und der SS - sondern anhand der Berichte der Überlebenden bearbeitet. Um mit dieser speziellen Vorgehensweise wissenschaftlich arbeiten zu können, müssen wiederum bestimmte Fragen vorangestellt sein: Wie wirkte sich die Lagerhaft auf die Psyche der Menschen aus? Welche äußeren und inneren Faktoren beeinflussten die Erlebnisberichte? Sind solche Berichte überhaupt als Quelle wissenschaftlicher Arbeit geeignet? Die Beantwortung dieser Fragen macht eine wissenschaftliche Auseinandersetzung mit dem Thema überhaupt erst möglich. Die Methodik und der Aufbau dieser Arbeit folgen dieser Erkenntnis.

Bei all den Gräueln und Schrecken, die in den Konzentrationslagern verübt und hervorgerufen wurden und zum Lageralltag gehörten, ist es eine schwierige Gradwanderung, eine objektive wissenschaftliche Aufarbeitung zu betreiben, ohne der 'Kaltherzigkeit' bezichtigt zu werden.

> „Gewiß, das Grauen hat mit den faschistischen Konzentrationslagern einen solchen Höhepunkt erreicht, dass es viel Stoff für sensationelle Reportagen gibt: Krematorien, Gaskammern, Foltern, Experimente, Sadismus, Aufhängen, Leichenhaufen [...] Was keine Sensation ist, was kein Reporter von außen sieht, das ist die Jämmerlichkeit unseres alltäglichen Lebens: der Pfiff am Morgen, der einen nach einer schlechten Nacht mit Kälte und Läusen aus dem Bett wirft; der Viertelliter geschmacklose Brühe, hinuntergeschlungen mit der Brotration für den ganzen Tag; der endlose Appell in Wind und Hagel, der Abmarsch in der fahlen Morgenstunde, [...] Geschrei der Kapos [...]"[2]

Der Sadismus und die unsagbaren Grausamkeiten, welche sich in den Konzentrationslagern offenbarten, können und sollen in dieser Arbeit nicht bis ins kleinste Detail nach Art der Sensationslust und Aufdeckungsgier von Klatschreportern dargestellt werden. Denn die Barbareien im KZ machen nicht den Themenschwerpunkt dieser Untersuchung aus. Aus diesem Grund wird außerdem auf sämtliche schockierende Bilder und Darstellungen verzichtet. Die benutzten Zitate

2 Bonifas, Aimé: Häftling 20801. Ein Zeugnis über die faschistischen Konzentrationslager. Berlin 1972. S.161 f.

der Überlebenden geben bereits genügend Einblick in die Grausamkeiten und Unmenschlichkeiten von M-D. Zudem muss grundsätzlich in Frage gestellt werde - wie es die Überlebenden oftmalig taten - ob der Horror überhaupt vermittel- und kommunizierbar ist.

Der KZ-Komplex Mittelbau-Dora wurde und wird auch heute noch oft durch die dort produzierten vermeintlichen „Wunder- und Geheimwaffen" mystifiziert. Die 'unglaubliche Leistung' der Ingenieure, Fabrikbauer und Wissenschaftler[3] wird als Beispiel für die damals „überlegene Technologie" des Dritten Reiches angeführt. Damit treten jedoch zum einen die Leiden und Schrecken der Opfer des Lagers, nämlich der zur Zwangsarbeit und vielfach damit zum Sterben verurteilten Häftlinge, in den Hintergrund. Zum anderen wird der Verweis auf die geheime Produktion dieser Waffen als Mittel instrumentalisiert, um eine 'Ich-habe-nichts-gewusst' und 'Ich-konnte-doch-nichts-wissen' Mentalität zu erzeugen sowie sie zu bekräftigen und sich somit aus der Mitverantwortung und der Mitwisserschaft zu stehlen. Der technische- und militärhistorische Aspekt im Zusammenhang mit M-D spielt in dieser Arbeit nur eine untergeordnete bis gar keine Rolle, da das Hauptaugenmerk auf dem Alltag der Häftlinge im Lager - hauptsächlich vom Hauptlager Dora - liegt. Auch die Täter in den Reihen der SS, der Beamtenschaft des Regimes, der Wehrmacht und die zivilen Meister und Vorarbeiter im Werk, erhalten hier kein Forum und werden nicht explizit beschrieben und dargestellt, sofern ihre Taten keine Erhellung des Lageralltags bringen. Da sich Lebens- und Arbeitsbedingungen des Lageralltags aus den von der SS erstellten Akten aufgrund des verwaltungstechnischen und bürokratischen Stils aber auch der Mitleidslosigkeit der Täter mit den Schicksalen der Opfer, kaum bis gar nicht erschließen lassen, stellen die Überlebensberichte eine wichtige - oft sogar die einzige - Quelle dar. Die gewählte Perspektive zur Darstellung des Lageralltags in M-D ist daher nicht die gewöhnlich verwendete *auf* das Lager, sondern vor allem *aus* dem Lager. Da der Begriff Strategie bereits bewusstes Handeln sowie einen dafür benötigten vorhandenen Handlungsspielraum voraussetzt, werden im Verlauf des Werkes auch diese beiden Aspekte in die Untersuchung einfließen.

Das Herausarbeiten individueller Strategien wird, sofern der Bericht nicht bereits veröffentlicht und herausgegeben wurde und somit als gedruckte Quelle vorliegt, anonym durchgeführt. Denn einige Überlebende machten ihre Anonymität im Falle der Verwendung ihrer Darstellungen in wissenschaftlichen Arbeiten der Dokumentationsstelle KZ-Gedenkstätte Mittelbau-Dora (DMD) zur Bedingung. Um dieser Forderung gerecht zu werden, werden alle aus diesem Quellenfundus

3 Um 'Wortungeheuer' wie z.B. Fabrikbauerinnen etc. zu vermeiden, wird in dieser Arbeit auf die Weiblichkeitsformen verzichtet. Dies soll auf keinen Fall einen Angriff auf die gleichberechtigte beidergeschlechtliche Schreibweise darstellen, sondern dient allein der besseren Verständlichkeit und Übersichtlichkeit.

herangezogenen Berichte und Gegebenheiten ohne Namensangabe verwendet und neutral beschrieben.

Der Begriff 'Häftling', welcher in dieser Arbeit aufgrund des Themas sehr häufig verwendet werden muss, hat lediglich die Bedeutung: 'ein Mensch, der von den Nationalsozialisten seiner Freiheit beraubt und inhaftiert wurde', entzieht sich aber grundsätzlich jeder Interpretation, die in diesem Begriff einen 'legitimen Grund für die Haft, den es geben muss' herauslesen und hineininterpretieren möchte. In ähnlicher Weise verhält es sich mit dem oft verwendeten Begriff 'Überlebender'. Die Verwendung dieses Begriffes soll lediglich die Tatsache des 'Überstehens der Konzentrationslagerhaft' beschreiben, dient aber keinesfalls der etwaigen Herabsetzung dieser Menschen zu bloßen Objekten oder anderer fehlgeleiteter Interpretationen.

Im ersten Kapitel wird die Genese sowie die Etablierung und Konsolidierung des Systems der Konzentrationslager dargestellt, und seine sich wandelnden spezifischen Funktionsweisen erläutert. In diesem Sinne geht dieses Kapitel weit über eine bloße einleitende Hinführung hinaus, denn über die Darstellung des Wandels der Funktionsweisen soll gleichzeitig bereits die spezifische Besonderheit Mittelbau-Doras innerhalb des KZ-Systems herausgestellt werden. Die Geschichte von M-D, die für eine Untersuchung des Überlebenskampfes im Alltag des Lagers unerlässlich ist, wird im letzten Abschnitt des ersten Kapitels (1.5) ausführlich dargestellt. Das zweite Kapitel dieser Untersuchung ist die bereits zu Beginn erwähnte Voraussetzung für die Bearbeitung des Lageralltags. Hierfür muss der Blick zunächst auf die äußeren Bedingungen (2.1) gerichtet werden, unter denen die Überlebendenberichte verfasst wurden. Die inneren Bedingungen, also die psychische Verfassung des Überlebenden sowie die einwirkenden psychischen Belastungen (2.2) der traumatischen Erlebnisse stellen ebenso bestimmende Elemente dar, die bei der Beurteilung der Zeitzeugenliteratur zu berücksichtigen sind. Die Untersuchung der Folgen der Traumata[4] der Konzentrationslagerhaft, welche

---

4 Im Folgenden wird häufig in der Einzahl vom Trauma der NS-Haft gesprochen, da sich die Verwendung des Begriffes sehr stark an die Freudsche Traumadefinition anlehnt, obwohl in dieser Definition das Trauma richtigerweise als singuläres Ereignis beschrieben wird und die nationalsozialistische Verfolgung und Konzentrationslagerhaft eigentlich eine Vielzahl von verschiedenen Traumata darstellt z.B:

Atmosphäre ständiger Bedrohung, akute Todesangst und Todesgefahr, Verunsicherung bzw. Verlust aller mitmenschlichen Bezüge ,Schutz- und Rechtlosigkeit etc.

Trotz dieser scheinbaren Unvereinbarkeit, hat sich als allgemeine Beschreibung für die belastenden Erlebnisse der allumfassende Begriff Trauma durchgesetzt und wird in dieser Arbeit Synonym für die Traumata - also eine Vielzahl kulminierender Trauma - verwendet.

Die bereits erwähnte Freudsche Traumadefinition lautet: „Trauma ~ Ereignis im Leben des Subjektes, das definiert wird durch seine Intensität, die Unfähigkeit des Subjekts, adäquat darauf zu antworten, die Erschütterung und die dauerhaften pathogenen Wirkungen, die es in

einen „Zusammenbruch der Struktur des Selbst auf allen wichtigen Ebenen“[5] bewirkten, kann hierfür erhellende bzw. erklärende Aufschlüsse liefern. Der letzte Abschnitt des zweiten Kapitels behandelt kritisch die Frage, inwieweit Berichte und beschriebene Erfahrungen von Überlebenden unter Einbeziehung der bis dahin gemachten Erkenntnisse aus den vorangegangenen Kapiteln als Quelle für wissenschaftliche Arbeiten und Auswertungen benutzt werden können. Die detaillierte Untersuchung des Alltags im KZ Mittelbau-Dora auf etwaige Überlebensstrategien wird im dritten Kapitel, vornehmlich anhand der Zeitzeugendokumente und Berichte, vorgenommen. Hierfür wird zunächst eine ausführliche Definition des Alltagsbegriffs, wie er in dieser Arbeit verwendet wird, vorangestellt. Anschließend wird die komplexe Häftlingsgesellschaft dargestellt und auf unterschiedliche Voraussetzungen für bestimmte Handlungsalternativen zum Überleben geprüft sowie daraus resultierende etwaige Überlebensstrategien herausgearbeitet. Die Analyse der Lebens- und Arbeitsbedingungen in M-D, also derjenigen beiden Aspekte, die den Lageralltag ausmachten, und die von den Häftlingen entworfenen und angewandten Strategien und Taktiken stellen den umfangreichsten Teil (3.2) dieser Arbeit dar. In ihm werden die Alltagsbereiche der Häftlinge einzeln auf die Methoden und Handlungsmöglichkeiten untersucht und die gefundenen herausgestellt. Ein nochmaliges Zusammenfassen der in dieser Arbeit gemachten Erkenntnisse am Schluss wird im Resümee als letztem Kapitel vorgenommen.

Forschungslage

Die Forschungslage über das System der Konzentrationslager ist mittlerweile sehr breit gefächert und gut. Neben Untersuchungen über die Struktur und Entstehung des gesamten Konzentrationslagersystems, werden auch einzelne Aspekte aus unterschiedlichen Blickwinkeln erforscht. Zusätzlich finden in fast jeder Gedenkstätte der Konzentrationslager eigene Forschungsreihen zu dem entsprechenden KZ mitsamt seinen Außenlagern statt. Zu nennen sind hierfür vor allem die von Barbara Distel und Wolfgang Benz herausgegebenen *Dachauer Hefte* sowie die von der KZ Gedenkstätte Neuengamme herausgegebenen *Beiträge zur Geschichte der nationalsozialistischen Verfolgung in Norddeutschland.* Während bis zum Beginn der achtziger Jahre die Konzentrationslagerforschung nur sehr marginal betrieben wurde - die wenigen bekannten Studien waren die von Eugen Kogon:

---

der psychischen Organisation hervorruft. Das Trauma ist gekennzeichnet durch ein Anfluten von Reizen, die im Vergleich mit der Toleranz des Subjekts und seiner Fähigkeit, diese Reize psychisch zu bemeistern und zu bearbeiten, exzessiv sind.“ nach Laplanche, J.; Pontalis, J.-B.: Das Vokabular der Psychoanalyse. Frankfurt am Main 1972.

5 Nicol, Elisabeth: 50 Jahre danach. Psychisches Trauma aus der Zeit des deutschen Nationalsozialismus und dessen Folgen am Beispiel nordostdeutscher Frauen der damaligen Zivilbevölkerung. Frankfurt am Main 1999. S. 13.

Der SS-Staat, Martin Broszats Arbeiten über die KZ sowie Falk Pingels, noch heute viel zitiertes Werk: *Häftlinge unter SS-Herrschaft* - setze ab Mitte der achtziger Jahre bis zur heutigen Zeit eine rege KZ-und damit teilweise verbunden Holocaustforschung ein. Die sehr ausführliche Arbeit von Christoph Dieckmann, Ulrich Herbert und Karin Orth: *Die nationalsozialistischen Konzentrationslager* sowie die Einzelarbeiten von Gudrun Schwarz, Johannes Tuchel und Karin Orth müssen bei der heutigen relevanten KZ-Forschung erwähnt werden. Zusätzlich zu den historischen Gesamtbetrachtungen der KZ gewannen regional- und alltagsgeschichtliche Aspekte sowie sozialpsychologische und sozialgeschichtliche Betrachtungsweisen an Bedeutung. Wolfgang Sofkys soziologische Analyse: *Die Ordnung des Terrors* stellt hierfür ein herausragendes Beispiel dar. Auch Ralph Gabriel, Elissa Koslov Mailänder, Monika Neuhofer und Else Rieger, als Herausgeber des Sammelbandes: *Lagersystem und Repräsentation*, machten sich in der interdisziplinären Erforschung der Konzentrationslager verdient. Bis Mitte der neunziger Jahre verwendete die Forschung fast ausschließlich objektive Berichte mit nachprüfbaren Fakten, jedoch kaum subjektive Berichte vom persönlich erlebten Lageralltag. Wolfgang Sofsky beschreibt treffend, wie in der historischen Wissenschaft lange Zeit vorgegangen wurde:

> „Mit der Analyse der Lagerwirklichkeit will man sich nicht lange aufhalten. Man versteift sich auf den Typenbegriff des Faschismus und wehrt damit die Essenz des NS-Regimes ab: die organisierte Tortur und den Völkermord. Allzu geschwind wendet man sich der Frage zu, wie es denn möglich war, ohne zuvor auch nur den Versuch unternommen zu haben, im Einzelnen zu verstehen, was der Fall war.“[6]

Erst in den letzten zehn bis fünfzehn Jahren begann man sich dem in der deutschen Geschichtswissenschaft häufig gemiedenen subjektivem Blickwinkel der „Oral History“ sowie weiterer lebensgeschichtlicher Quellen, vor allem aufgrund methodischer Vorbehalte, intensiver zu befassen, so dass diese Quellenarten mit deren Möglichkeiten noch lange nicht ausgeschöpft sind.[7] Eine vergleichende Studie zwischen den Konzentrationslagern und Zwangslagern anderen Typs in Bezug zur NS-Herrschaft und zur Bevölkerung steht noch aus.

M-D galt Mitte der neunziger Jahre noch als eines der „vergessenen“ Lager, von dem außer dem technikgeschichtlichen Aspekt als Produktionsstätte der „Wunderwaffen“ nichts weiter bekannt war. Obwohl M-D in der DDR im Rahmen des antifaschistischen Widerstandskampfes instrumentalisiert worden war und auch in der DDR-Forschung einige Diplom- und Doktorarbeiten unter Leitung des ehe-

---

6 Sofsky, Wolfgang: Die Ordnung des Terrors: Das Konzentrationslager. Frankfurt am Main 1993. S. 17.

7 Vgl. Rahe: Die Bedeutung der Zeitzeugenberichte für die historische Forschung zur Geschichte der Konzentrations- und Vernichtungslager. S. 87.; Sedlaczek, Dietmar: „...das Lager läuft dir hinterher“. Leben mit nationalsozialistischer Verfolgung. Berlin 1996. S. 56.

maligen politischen Häftlings von Buchenwald Walter Bartel als Professor für Neue und Neuere Geschichte an der Humboldt-Universität in Berlin, über M-D entstanden waren.[8] Langsam wird M-D als ein Lager des KZ-Systems außerhalb der Geschichtswissenschaft bekannt. Dazu beigetragen hat das sehr ausführliche Werk von Jens-Christian Wagner: *Produktion des Todes*, das nicht nur innerhalb der Wissenschaft hohe Beachtung fand. Auch Manfred Bornemann, Angela Fiedermann, Thorsten Heß, Markus Jaeger und Joachim Neander sind Wissenschaftler, die innerhalb der letzten zehn Jahre intensiv über M-D geforscht haben, so dass die Forschungslage über M-D mittlerweile sehr gut ist, auch wenn zu bestimmten Einzelaspekten z.B. zum Verhältnis der SS- zu den Wehrmachtswachmannschaften oder einem Vergleich der Verhältnisse SS↔Häftlinge und Wehrmacht↔Häftlinge, noch intensiver geforscht werden muss.

Eine umfassende Erforschung der Erlebnisberichte als geschichts-wissenschaftliche Quelle, in der Faktoren wie unterschiedlicher Zeitpunkt des Verfassens, Problematik des Erinnerns, Einwirkungen traumatischer Erfahrungen sowie Vergleiche etwaiger Unterschiede bei den Berichten der verschiedenen nationalen, sozialen und religiösen Häftlingsgruppen bearbeitet werden, fehlt derzeit noch völlig, ist jedoch angesichts der Problematik und Vielschichtigkeit der Thematik dringend erforderlich. Die angesprochenen Einzelaspekte sind für sich bereits teilweise ausführlich bearbeitet worden u.a. von Diether Cartellieri, Raul Hilberg oder Ulrike Jureit. Ein Mangel liegt bei der Erforschung der Auswirkungen der Traumaerfahrung sowie allgemein psychologischer Einflüsse auf die Berichte und Erzählungen der Überlebenden vor - eine Ausnahme stellt hierbei z.B. Ilka Quindeaus Arbeit: *Trauma und Geschichte* dar - in der sich Quindeau jedoch auf äußerst wenige Einzelfälle beschränkt. Die Übertragung des Traumas an die eigenen Kinder und sogar deren Kinder als generationsübergreifendes Trauma ist hingegen ausgesprochen gut und ausführlich erforscht. Ebenso die seelischen Folgen der Konzentrationslagerhaft als solches, die u.a. von Wiliam Niederland und Paul Matussek untersucht worden sind.

Während sich der wissenschaftliche Blickwinkel in den letzten zehn bis zwanzig Jahren wie bereits erwähnt verstärkt auf alltagsgeschichtliche Aspekte richtete z.B. auf den Alltag der Häftlinge oder auf die sozialen Strukturen der Häftlingsgesellschaft, blieben Forschungen, die sich intensiv mit den Methoden und Strategien des Überlebens beschäftigten bisher weitgehend aus. Einzig Hans Schafranek und Robert Streibel als Herausgeber des Bandes: *Strategie des Überlebens - Häftlingsgesellschaften in KZ und Gulag* unternahmen den Versuch, über den Vergleich der beiden Lagertypen unter verschiedenartigen Diktaturen eine allgemeine Darstellung der verschiedenen Überlebensstrategien anzufertigen. In An-

8 Vgl. Wagner, Jens-Christian: Produktion des Todes. Das KZ Mittelbau-Dora. Göttingen 2001. S. 18.

betracht des riesigen Forschungsumfanges - es ist anzunehmen, dass in jedem Lager neben allgemeinen, auch spezifische einzigartige Strategien angewandt wurden - konnte dieses Unterfangen nur in ersten Ansätzen gelingen. Studien und Forschungen über die einzelnen Konzentrationslager, die den Alltag nicht nur beschreiben, nachvollziehbar und 'erfahrbar' machen wollen, sondern den Alltag auch als Überlebenskampf der Häftlinge auffassen, um nach deren Strategien und Handlungsweisen für das Überleben zu suchen, fehlen und sollten deshalb vorangetrieben werden. Des Weiteren wäre ein Vergleich der Überlebensstrategien der verschiedenen Konzentrationslager um allgemeine Aussagen für das gesamte KZ-System treffen zu können ebenso nötig, wie ein darauf aufbauender Vergleich zu den Überlebensstrategien in anderen Zwangslagertypen.

1. Das System der Konzentrationslager

Das System der Konzentrationslager entwickelte sich im Laufe der Jahre ebenso wie das nationalsozialistische Regime, durch die funktionale Anbindung an die nationalsozialistische Herrschaft weiter, und war nach Hannah Arendts Auffassung die „[...] eigentlich zentrale Institution des totalen Macht- und Organisationsapparates".[9] Dabei machte dieses System der Lager mehrfach Wandlungen in Funktion und Bedeutung durch. Wie es entstand, sich veränderte und welche Ziele die SS im Verlauf dieser Entwicklung verfolgte, werden in den folgenden Abschnitten geklärt. Zu berücksichtigen ist die Tatsache, dass das Konzentrationslager als solches keine Erfindung der Nationalsozialisten oder der Deutschen war; wobei die sich am Ende des „Dritten Reiches" abspielenden Szenarien und Bedingungen in den deutschen KZ in diesem Höchstmaß an Grausamkeit und Unmenschlichkeit einzigartig waren und mit den Lagern anderer Staaten nicht gleichzusetzen sind.

Auf Kuba bauten die Spanier 1896 als erste Nation ein Lager, welches den spezifischen Eigenschaften nach als Konzentrationslager gelten kann.[10] 1898 errichteten auch die USA auf den Philippinen und 1900 die Briten während des Burenkrieges eigene Konzentrationslager.[11] Auch in vielen anderen Ländern, wie beispielsweise 1919 in Ungarn und ab den zwanziger Jahren in Italien, Polen, der UDSSR sowie ab 1933 in Österreich, lassen sich die Existenz von Konzentrationslagern, also Lagern, welche die Konzentrierung von bestimmten ethnischen, politischen, religiösen oder schlichtweg missliebigen Personen vornahmen, nachweisen.[12] In Deutschland gab es bereits ab 1921 Konzentrationslager z.B. in Cottbus-Sielow und in Stargard, die von der Reichswehr bewacht wurden und Abschiebelager für unerwünschte Ausländer - meist Ostjuden - waren.[13] Hierbei darf man jedoch nicht übersehen, dass dieser Typus von Konzentrationslagern in keiner Weise denjenigen der Nationalsozialisten ähnlich ist, deren Bild heute in der Gesellschaft präsent ist: wie z.B. das von tausenden unbeerdigter Leichen in Bergen-Belsen, die Menschenversuche an Frauen in Ravensbrück, Tausende von bis auf Skeletten abgemagerten Menschen die im Stollenvortrieb und Stollenbau

---

9 Arendt, Hannah: Elemente und Ursprünge totaler Herrschaft. Frankfurt am Main 1962.

10 Vgl. Drobisch, Klaus; Wieland, Günther: System der NS-Konzentrationslager 1933-1939. Berlin 1993. S. 14. Wippermann, Wolfgang: Konzentrationslager. Geschichte, Nachgeschichte, Gedenken. Berlin 1999. S.23.

11 Ebd.

12 Vgl. Drobisch: System der NS-Konzentrationslager 1933-1939. S.15 ff.

13 Vgl. Drobisch: System der NS-Konzentrationslager 1933-1939. S.18 ff. Wippermann: Konzentrationslager S. 24.

in Buchenwald und Mittelbau-Dora arbeiten mussten oder allgemein die großflächigen Barackenanlagen, welche mit Wachtürmen und Stacheldrahtzäunen umgeben waren. Lediglich die Bezeichnung der Lager, die die Art der Maßnahme der Herrschenden verdeutlicht, ist den Konzentrationslagern der Nationalsozialisten noch mit den früher erbauten Lagern gemein. Aber auch innerhalb des Systems der nationalsozialistischen Konzentrationslager gab es, wie oben bereits angedeutet, große Unterschiede und einen Wandel innerhalb der Entwicklung, welche sich in Bezug auf bestimmte Kriterien in verschiedene Phasen einteilen lässt, die nun anschließend näher beleuchtet werden.

1.1 Frühe Lager bzw. „wilde“ Konzentrationslager 1933-1936

Bereits unmittelbar nach der Machtübernahme der Nationalsozialisten ab dem 30.1.1933 wurden kleine Lager zur Aufnahme von Gefangenen gegründet bzw. bereits bestehende Haftanstalten und Gefängnisse von Polizei oder Justiz mitbenutzt oder übernommen und vor allem durch SA-Verbände aber auch in geringerem Umfang bereits durch die SS genutzt und bewacht. Bei der Errichtung der frühen Lager griffen die Nationalsozialisten auf die gemachten Erfahrungen mit den Arbeitserziehungslagern, Schutzhaftlagern, Gefängnissen und anderen Zwangsanstalten, die bereits aus der Zeit der Weimarer Republik stammten, zurück. Selbst Kasernen, Fabriken oder Schiffe wurden genutzt, um die politischen Gegner gefangen zu halten.[14] Der vorhandene Haftraum, das Personal und die ‘Behandlungsmöglichkeiten’ wurden ebenso weiter benutzt wie das pädagogische Konzept der Resozialisierung, also der „Wiedereingliederung in die Volksgemeinschaft durch Arbeit“[15]. Dieses Konzept stellte jedoch nur einen Teilaspekt der nationalsozialistischen Ausrichtung dar, denn viele Häftlinge wurden auf unbestimmte Zeit und unter ständiger Folter gefangen gehalten, ohne dass ein Bestreben der Resozialisierung erkennbar gewesen wäre. Als erstes dieser kleinen Lager, welche bereits teilweise Konzentrationslager genannt wurden, gilt das Lager Nohra im Weimarer Land. Keines der in dieser Umbruchphase genutzten Lager hatte jedoch den spezifisch markanten Charakter der späteren KZ und kaum ein Lager stand bereits unter der Aufsicht der SS.[16] Spezifisch für diese kleinen Lager war, dass sie meist sehr kurzfristig existierten und sich gewöhnlich durch Improvisation anstatt langfristiger Planung auszeichneten.[17] Am 2.4.1933 unterstellte Heinrich Himmler sich - und damit auch der SS - als Führer der politischen

14 Vgl. Wippermann: Konzentrationslager. S. 7.

15 Vgl. Benz, Wolfgang; Distel, Barbara: Herrschaft und Gewalt. Frühe Konzentrationslager 1933-1939. Berlin 2002. S. 150.

16 Vgl. Drobisch: System der NS-Konzentrationslager 1933-1939. S.47.

17 Vgl. Benz: Herrschaft und Gewalt. S. 7.

Hilfspolizei Bayerns, das KZ Dachau.[18] Dieser Schritt stellte sich als Beginn der unheilvollen und im Tod Hunderttausender Menschen endender Entwicklung der Konzentrationslager heraus.[19]

Im Allgemeinen waren „die Konzentrationslager [...] konzipiert und errichtet worden, um die faschistische Diktatur mit durchzusetzen, und blieben über die ganze Zeit eines ihrer wichtigsten Mittel, sie zu behaupten."[20]. Die frühen Konzentrationslager dienten dazu, im Inneren des Reiches für Ruhe zu sorgen, indem die wirklichen oder vermeintlichen Aufrührer und Gegner des Regimes durch Wegsperren in die Lager der restlichen Bevölkerung entzogen wurden, um somit durch Abschrecken der Bevölkerung keine weiteren etwaigen Unruhestifter hervorkommen zu lassen. Die „Schutzhaft" wurde zum „Inbegriff der politischen Gegnerbekämpfung"[21]. Man wollte aufrührerische und revolutionäre Szenen, wie sie während und nach dem Ersten Weltkrieg in Deutschland vorgekommen waren, sobald die Expansions- und Aggressionspolitik der Nationalsozialisten offensichtlich werden würde, keinesfalls ein zweites Mal aufkommen lassen.[22] Aus der beschriebenen öffentlichkeitswirksamen Funktion, die die Lager haben sollten, lässt sich bereits ableiten, dass die Existenz zumindest dieser frühen Lager der Bevölkerung keineswegs unbekannt war. Bereits 1933 publizierte die nationalsozialistische Presse über die KZ, z.B. den Bericht: „Besuch im Konzentrationslager" in der Deutschen Illustrierten Zeitung vom 30.5.1933.[23] Die Erzeugung von Angst in der Bevölkerung vor den 'Kriminellen Elementen', welche im Lager inhaftiert waren, sollte gleichzeitig einen breiten Konsens für die Notwendigkeit der Lager hervorrufen sowie präventiv gegen etwaigen Widerstand oder Gegenpropaganda im In- und Ausland wirken.[24] Darüber hinaus wurden die Berichte genutzt, um eine gewisse Abgestumpftheit und Gleichgültigkeit gegen die beginnenden Terror- und Repressionsmaßnahmen gegenüber bestimmten sozialen Minderheiten und Gruppen für zukünftige weitere Maßnahmen zu erzeugen.[25]

Im Juni 1933 saßen 27.000 Menschen in den Haftanstalten der Nationalsozialisten ein, nicht immer in Vereinbarkeit mit den zu dieser Zeit geltenden Gesetzen. Eine

---

18 Vgl. Drobisch: System der NS-Konzentrationslager 1933-1939. S.52.

19 Dachau wurde unter dem späteren Kommandanten Theodor Eicke vor allem durch seine neue Struktur, Organisation, Verwaltung und Behandlung der Häftlinge zum 'Vorbild' der späteren Konzentrationslager durch das so genannte „Dachauer Modell".

20 Drobisch: System der NS-Konzentrationslager 1933-1939. S. 251.

21 Orth, Karin: Das System der nationalsozialistischen Konzentrationslager. Eine politische Organisationsgeschichte. Hamburg 1999. S. 23.

22 Vgl. Drobisch: System der NS-Konzentrationslager 1933-1939. S. 251.

23 Vgl. Wippermann: Konzentrationslager S. 10.

24 Ebd.

25 Vgl. Dieckmann, Christoph; Herbert, Ulrich; Orth, Karin: Die nationalsozialistischen Konzentrationslager. Entwicklung und Struktur. Band 1. Göttingen 1998. S. 137.

weitere Funktion der Konzentrationslager bestand laut Drobisch und Wieland darin, durch die unzähligen Schikanen und Gewalttaten den Häftlingen gegenüber, „[...] die Büttel in den braunen und schwarzen Uniformen zu willfährigen Vollstreckern des bald einsetzenden Völkermordes werden zu lassen“[26]. Dieser Aspekt würde aber den planmäßigen Völkermord als bereits bestehende Maxime des NS-Regimes voraussetzen, welche zu Beginn des „Dritten Reiches“ noch keineswegs vorhanden war.[27] Heinrich Himmler gründete 1934 die „Inspektion der Konzentrationslager“ (IKL) und ernannte Theodor Eicke am 4.7.1934 zum „Inspekteur der Konzentrationslager“ (IdKL) sowie zum „Führer der SS-Wachverbände“ und erteilte ihm dcn Auftrag, das gesamte Lagerwesen zu zentralisieren und zu vereinheitlichen. Eicke, der sich im KZ Dachau im Sinne der nationalsozialistischen Ideologie und Behandlungsstrategie von Häftlingen ‘bewährt’ hatte, führte ein abgestuftes System der Straf- und Disziplinierungsmaßnahmen[28] ein, aus denen sich das berühmt-berüchtigte „Dachauer Modell“ herauskristallisierte. Das „Dachauer Modell“ umfasste im Wesentlichen folgende vier Schwerpunkte[29]:

1. Die Klassifizierung der Gefangenen nach ideologisch-rassistischen Hierarchien.
2. Die Arbeit als Mittel eines terroristischen Haftvollzugs.[30]
3. Die Einführung eines abgestuften Strafensystems.
4. Die Einführung eines Standrechtes, welches die Tötungen in den Lagern legitimierte.

Nach Gründung der IKL wurden die kleinen „wilden Lager“ bis Mai 1936 entweder aufgelöst, oder nach dem „Dachauer Modell“ umgewandelt und in die IKL integriert.[31] Diese Eingliederung spiegelte gleichzeitig die Umwandlung von sprunghaften, schrankenlosen, willkürlichen Gewaltakten des Einzelnen, wie sie in diesen Lagern an der Tagesordnung gewesen waren, zum systematisch vorbereiteten und bis ins Kleinste strukturierten System der Unterdrückung und des

---

26 Drobisch: System der NS-Konzentrationslager 1933-1939. S. 7.

27 Die Forschung ist sich über den genauen Zeitpunkt des Beschlusses nicht ganz einig. Einige Tatsachen und Dokumente sprechen für einen zumindest ‘geistigen’ Beschluss führender NS-Funktionäre bereits vor der Wannseekonferenz im Januar 1942, da erst in den ersten Kriegsjahren, der vorher bestehende Plan der Aussiedlung aller Juden aus dem Deutschen Reich sowie einer möglichen späteren Zwangsumsiedlung aller europäischen Juden nach Madagaskar, aufgegeben wurde.

28 Der Strafenkatalog enthielt z.B. Essensentzug, Einzelhaft, Prügelstrafe, Kollektivstrafe, bis zu Todesstrafe.

29 Vgl. Sofsky: Die Ordnung des Terrors: Das Konzentrationslager. S. 45.

30 Die Merkmale der ‘Arbeit als Terror’ nach Sofsky (S.219) waren:
Körperliche Überbelastung bei Mangel an Verpflegung und Unterbringung; Untertechnisierung; Endlosigkeit und Sinnlosigkeit der Arbeit.

31 Vgl. Tuchel, Johannes: Die Inspektion der Konzentrationslager 1938-1945. Das System des Terrors. Berlin 1994. S. 34.

Terrors der Konzentrationslager 'neuen' Typs, wieder.[32] Außerdem wurde nun eine Abschottung und Isolierung der Lager gegenüber der Öffentlichkeit entgegen vorheriger Praxis vollzogen und der Zugriff der Justiz durch bestimmte Regelungen und Anordnungen verhindert.[33] Obwohl die Bevölkerung keine offiziellen Meldungen mehr über die Konzentrationslager erhielt, hatten die Nationalsozialisten erfolgreich das „Implantat der Angst"[34] gepflanzt, welches bis zum Kriegsende anhielt. Im Zuge der Zentralisierung der Konzentrationslager durch Theodor Eicke wurde eine zunehmende Distanz zwischen Bewachern und Häftlingen geschaffen. Dies wurde nach Ansicht der Verantwortlichen nötig, da es vorher, also bei den „wilden" Lagern, zwischen den Bewachern und den Inhaftierten oft zu politischen Gesprächen gekommen war. Dieser Umstand war nicht ungefährlich für das im Aufbau begriffene NS-Lagersystem, da es den teilweise akademisch hoch gebildeten meist aus politischen Gründen festgenommenen Gefangenen gelang, die oft aus einfachen Verhältnissen kommenden Wachmännern, zumindest partiell politisch zu verwirren bzw. allgemein zum Nachdenken über die bestehenden Verhältnisse anzuregen, was die NS-Führung auf keinen Fall zulassen wollte.[35]

1.2 Bau und Ausbau der großen Konzentrationslager 1936-1939

Nach der Ernennung Himmlers am 17.6.1936 zum Chef der gesamten deutschen Polizei, war ihm durch Zusammenlegung der Kriminalpolizei (Kripo) und der Geheimen Staatspolizei (Gestapo) zur Sicherheitspolizei (Sipo) die Zentralisierung des Lagersystems und der Verfolgung möglich.[36] Man begann sehr große Konzentrationslager, solche die 10.000-50.000 Menschen aufnehmen konnten, zu planen und anschließend zu bauen.[37] Alle Konzentrationslager im Deutschen Reich unterstanden mittlerweile der SS. Die Bewachungseinheiten wurden auf Anordnung Himmlers 1936 aus der Allgemeinen SS ausgegliedert und SS-Totenkopfverbände, ab April 1938 SS-Totenkopfstandarten, genannt. Die Finan-

---

32 Vgl. Benz: Herrschaft und Gewalt. S. 69.

33 Vgl. Orth: Das System der nationalsozialistischen Konzentrationslager. S. 28. Nach Beschwerde von Reichsjustizminister Franz Gürtner an Himmler, warum immer mehr Menschen bei angeblichen Fluchtversuchen erschossen würden, sprach Hitler den KZ-Häftlingen grundsätzlich das Recht auf einen Rechtsanwalt ab und legitimierte die Tötung von Staatsfeinden. Vgl. Tuchel: Die Inspektion der Konzentrationslager 1938-1945. S. 40.

34 Zitat von Jan Phillip Reemtsma nach Wagner: Produktion des Todes. S. 45.

35 Vgl. Benz: Herrschaft und Gewalt. S. 203.

36 Vgl. Vgl. Orth. Das System der nationalsozialistischen Konzentrationslager. S. 35.

37 Hierzu zählen Sachsenhausen (Sommer 1936) als Mustertyp der späteren KZ, Buchenwald (Sommer 1937), Flossenbürg (Mai 1938), Mauthausen (August 1938) und Ravensbrück (Mai 1939).

zierung dieser Verbände sowie der Lager allgemein, wurde nach Zustimmung Hitlers ab dem 1.4.1936 vom Staat übernommen und in den Reichshaushalt eingegliedert.[38]

Die kleineren Lager aus der 1. Phase waren bereits geschlossen oder wurden einem großen Lager angegliedert, nur Dachau existierte von den frühen Lagern noch eigenständig als KZ.[39] Die neu errichteten Lager wurden sehr oft geometrisch angeordnet und zeichneten sich durch eine ökonomische und völlig dem Willen der SS unterworfene räumlich-funktionale Zusammenfassung sowie einer Standortwahl nach wirtschaftlichen Interessen der SS aus.[40] Während die früheren Haftanstalten und Lager eine historische Geschichte besaßen, hatten die neuen Barackensiedlungen keine Vergangenheit, sie waren nicht Teil einer Geschichte, sondern eines Plans.[41] Diese 'Muster-KZ' dienten im weiteren Verlauf zudem als Ausbildungsstätte der SS-Totenkopfverbände.[42] Denn die Ausbildung zur Härte sowie das Hervorrufen von Hass-, Macht- und Unterdrückungstrieben war ein wesentliches Merkmal innerhalb der Lager-SS.[43] Im Lager wurde daher permanent geprügelt, obwohl zumindest theoretisch die IKL bei männlichen - bei weiblichen Häftlingen sogar Himmler persönlich - die Prügelstrafe genehmigen musste.[44] Attraktiv war der Dienst in den Totenkopfstandarten aufgrund des gesicherten Einkommens, des männerbündischen Charakters sowie vor allem der Aufstiegschancen in Offiziersränge ohne die sonst vorgeschriebene Ausbildung. Ab 1939 wurde der Dienst bei den Standarten offiziell als Wehrdienst anerkannt, um den Zugriff der Wehrmacht auf die Totenkopf-SS zu verhindern. Die IKL versuchte durch eine vollkommene und bis ins kleinste Detail gehende bürokratische Verwaltung, den Terror und die Gewalt in den KZ zu lenken und zu steuern.

Neben den politischen „Schutzhäftlingen“ wurden nun auch „polizeiliche Vorbeugehäftlinge“ aufgrund der neu eingeführten Methode der „vorbeugenden

---

38 Vgl. Orth. Das System der nationalsozialistischen Konzentrationslager. S. 33.

39 Z.B. die Lager Oranienburg, Fuhlsbüttel, Esterwegen, Osthofen, Sachsenburg oder Columbia-Haus in Berlin.

40 Vgl. Wippermann: Konzentrationslager. S. 37., Tuchel: Die Inspektion der Konzentrationslager 1938-1945. S. 54.

41 Vgl. Sofsky: Die Ordnung des Terrors: Das Konzentrationslager. S. 62.

42 Die Grundstruktur dieser Konzentrationslager sah fünf verschiedene Verwaltungseinheiten vor: 1. Kommandantur/Adjutantur 2. Politische Abteilung 3. Schutzhaftlager 4. Verwaltung 5. Lager/Standortarzt sowie Wachtruppe. Die Politische Abteilung war jedoch nicht wie die anderen Abteilungen dem Wirtschaftsverwaltungshauptamt, sondern der Gestapo im Reichssicherheitshauptamt (RSHA) unterstellt. Aufgrund dieser Tatsache kam es öfters zu Kompetenzstreitigkeiten und Weisungsbefugnisüberschneidungen vor.

43 Vgl. Kogon, Eugen: Der SS-Staat. Das System der deutschen Konzentrationslager. München 1974. S. 56.

44 Vgl. Sofsky: Die Ordnung des Terrors: Das Konzentrationslager. S. 249.

Verbrechensbekämpfung“ gefangen genommen und zur Zwangsarbeit[45] in den Lagern eingesetzt. Diese Arbeit beschränkte sich jedoch zunächst noch auf den internen Lagerbetrieb und die Versorgung und in kleinem Maße auf die gegründeten Betriebe der SS. Nach der Neuorganisation der Lager ab 1936 wurde in den KZ das Winkel-System[46] eingeführt. Jeder Häftling wurde nach bestimmten rassenbiologischen, ideologischen, politischen oder anderen Einweisungskriterien kategorisiert und musste den farbigen Winkel sowie seine Nummer, die ihm zugeordnet wurde, auf der linken Brust und auf dem rechten Hosenbein tragen. Diese Einteilung diente nicht nur als Erkennungszeichen, sondern vor allem als Diskriminierungsmaßnahme sowie als Mechanismus zur Differenzierung der Häftlinge untereinander, in dessen Folge Gegensätze geschürt und soziale Grenzlinien gezogen werden sollten.[47]

Seit 1937 änderte sich grundlegend die soziale Struktur in den KZ, denn man begann nun in starkem Maße[48], neben den aus politischen Gründen Gefangenen, auch Zeugen Jehovas, die unter „Bibelforscher“ geführt wurden, Homosexuelle, so genannte "Berufsverbrecher“[49] und vor allem „Asoziale“ bzw. „Arbeitsscheue“[50], zu denen neben Dirnen, Bettlern, Trunksüchtigen, Müßiggängern auch die „Zigeuner“, die als „Landstreicher“ zählten, zu verhaften.[51] Diese Menschengruppen gefährdeten als angebliche „Volksschädlinge“ mit ihrem - in den Augen

---

45 Sofsky erweitert den Begriff Zwangsarbeit bzw. behaftet ihn mit einer neuen Bedeutung: „Mit Zwangsarbeit ist die Arbeit im Lager keinesfalls zu verwechseln. Bei Zwangsarbeit ist der Zwang ein Mittel zur Arbeit, im Lager jedoch war die Arbeit ein Mittel der Unterdrückung und des Terrors. Sie sollte demütigen, quälen, die Widerstandsfähigkeit brechen, die Menschen ausmergeln und zerstören.“ Zitiert nach Sofsky: Die Ordnung des Terrors: Das Konzentrationslager. S. 33.

46 Farbeinteilung der Winkel: rot = politische Häftlinge; schwarz = „Asoziale“; rosa = Homosexuelle; grün = „Berufsverbrecher“; lila = Bibelforscher (Zeugen Jehovas). Während des Krieges wurde diese Einteilung nicht konsequent eingehalten, denn alle Nicht-Deutschen wurden pauschal als „Politische“ mit dem roten Winkel versehen.

47 Vgl. Sofsky: Die Ordnung des Terrors: Das Konzentrationslager. S. 138.

48 In den Jahren 1937 und 1938 gab es regelrechte Verfolgungs- und Verhaftungswellen im Deutschen Reich z.B. im Zuge der „Aktion Arbeitsscheu Reich“ vom 13-18.6.1938 bei der 10.000 „Asoziale“ inhaftiert wurden.

49 Die nationalsozialistische Abkürzung „Bver“ bedeutete ursprünglich „befristete Vorbeugehäftlinge“, wurde aber im Laufe der Zeit mit „Berufsverbrecher“ in den Kanon der deutschen Sprache aufgenommen. Zu der Gruppe der „Berufsverbrecher“ kamen ab Januar 1943 noch die „Sver“, die „polizeilichen Sicherungsverwahrten“, die ebenso den grünen Winkel, allerdings mit der Spitze nach oben tragen mussten. Ähnlich wie bei den „Berufsverbrechern“ wurde aus den „polizeilichen Sicherungsverwahrten“ im Volksmund die „Schwerverbrecher“. Vgl. Sofsky: Die Ordnung des Terrors: Das Konzentrationslager. S. 141.

50 Wer zwei zugewiesene Arbeiten ablehnte oder die Arbeitsstellen wieder verließ, wurde vom Arbeitsamt der Gestapo gemeldet und galt als „arbeitsscheu“.

51 Vgl. Wippermann: Konzentrationslager. S 44 ff.

der Nationalsozialisten abweichenden Sozialverhalten - den „gesunden Volkskörper“ und mussten demnach daraus isoliert und entfernt werden.[52] Der gesellschaftlich- bzw. weltanschaulich-ideologische Gesichtspunkt als Kriterium für die Haft hatte sich neben dem sicherheitspolitischen Gesichtspunkt etabliert.

> „Im Vordergrund stand nun nicht mehr ausschließlich die Bekämpfung des politischen Gegners [...] sondern das Prinzip einer umfassenden – „gesellschaftssanitären“ und sozialrassistischen – Generalprävention.“[53]

Nach außen hin wurden diese neuen Massenverhaftungen mit Hinblick auf die Sozialdisziplinierung[54] der „Asozialen“ legitimiert. Der biologisch-ideologische Aspekt spielte auch schon eine, wenn auch zunächst noch nicht vorherrschende Rolle, denn die „krankhaften“ Eigenschaften der nun verstärkt Verfolgten, galten als vererblich. 1939 betrug die Zahl der in den Lagern Eingesperrten ca. 21.000, das waren trotz des Baus großer Lager weniger Menschen als noch im Juni 1933.[55]

1.3 Konzentrationslager während der ersten Kriegsphase 1939-1942

Im Zuge der immer größer werdenden Anzahl von Kriegsgefangenen[56], die neben der Inhaftierung in unzähligen Kriegsgefangenenlagern auch in die KZ gesperrt wurden, sowie anderer nicht den Vorstellungen der SS entsprechenden Menschen

---

52 Wer bei der „vorbeugenden Verbrechensbekämpfung“ zu verhaften sei, stellte folgende Richtlinie des Reichskriminalamtes vom 4.4.1938 dar:
„a) Personen, die durch geringfügige, aber sich immer wiederholende Gesetzesüberschreitungen, sich der in einem nationalsozialistischen Staat selbstverständlichen Ordnung nicht fügen wollen (z.B. Bettler, Landstreicher, Dirnen, Trunksüchtige, mit ansteckenden Krankheiten, insbesondere Geschlechtskrankheiten behaftete Personen, die sich den Maßnahmen der Gesundheitsbehörden entziehen);
b) Personen, ohne Rücksicht auf etwaige Vorstrafen, die sich der Pflicht der Arbeit entziehen und die Sorge für ihren Unterhalt der Allgemeinheit überlassen (z.B. Arbeitsscheue, Arbeitsverweigerer, Trunksüchtige).“ Zitiert nach Schwarz, Gudrun: Die nationalsozialistischen Lager. Frankfurt am Main 1997. S. 35.

53 Orth: Das System der nationalsozialistischen Konzentrationslager. S. 33.

54 Von eigentlicher Disziplinierung kann in Bezug auf die Konzentrationslager keine Rede sein, da Strafmaßnahmen im KZ grundsätzlich nicht an Vergehen gebunden waren bzw. vor der Haft in den meisten Fällen gar kein Vergehen begangen worden waren und es äußerst fraglich ist, inwieweit die Nationalsozialisten bereit gewesen wären, die einmal Disziplinierten wieder freizulassen.

55 Vgl. Orth: Das System der nationalsozialistischen Konzentrationslager. S. 39.

56 Hitler hob Ende 1941, aufgrund der gescheiterten Blitzkriegstrategie und des Arbeitskräftemangels in der Wirtschaft, seinen Widerstand gegen den Arbeitseinsatz sowjetischer Kriegsgefangener auf .

aus dem Reich wie auch aus den besetzten Gebieten, mussten die vorhandenen Konzentrationslager stetig erweitert und neue Lager[57] gebaut werden, da die Kapazitäten völlig ausgereizt waren. Damit änderte sich die soziale Zusammensetzung der Häftlingsgemeinschaft erheblich, denn nun bildeten vor allem die jüdischen - die seit Kriegsbeginn unverhüllter und unmittelbarer aggressiver antisemitischer Verfolgung ausgesetzt waren - und die ausländischen Häftlinge die größten Häftlingsgruppen, während die Deutschen nur noch 5-10% aller Häftlinge ausmachten.[58] Neben neuen Lagern außerhalb des Reichsgebietes zum Beispiel in Polen oder im Baltikum, wurden ab 1941 Lager eingerichtet, die zur ausschließlichen Vernichtung der dahin gebrachten Menschen vorgesehen waren und gar keinen Platz für die Konzentration der Gefangenen vorsahen.[59] Im Gegensatz zu den Konzentrationslagern, in denen selbst unter den unmenschlichsten Zuständen eine geringe Chance des Überlebens vorhanden war, waren die in die Vernichtungslager deportierten Menschen ausschließlich zum Tode bestimmt.

Ab dem 17.10.1939 galt für alle SS- und Polizeiangehörigen eine Sondergerichtsbarkeit, die derjenigen der Wehrmacht gleichgestellt war, und welche die Schandtaten dieser Menschen dem Zugriff der Justiz entzog und ihnen bei der Ausübung verbrecherischer Befehle z.B. massenhaften Hinrichtungen in den Konzentrationslagern, Straffreiheit zusicherte.[60] Im Frühjahr 1942 waren bereits 70.000 bis 80.000 Menschen in den Konzentrationslagern eingesperrt.[61] Im Osten Europas wurden die Konzentrationslager zusätzlich zu den bisherigen Zwecken, zum Instrument der Besatzungspolitik. Nach einer Vereinbarung Himmlers mit der Wehrmacht wurden sowjetische Kriegsgefangene in die Konzentrationslager verschleppt, da die Kriegsgefangenenlager längst überfüllt waren und die sowjetischen Soldaten nicht nur unter dem militärischen Aspekt bekämpft wurden, sondern sie auch unter die rassebiologische Ideologie des „Untermenschentums“ der Nationalsozialisten fielen, dessen ‘Kampfplatz’ die Konzentrationslager waren. In abgetrennten Bereichen in den KZ untergebracht und in vielen Fällen minimal oder gar nicht versorgt und sich selbst überlassen, kam es zu großem Massensterben und dementsprechend zu enormen Todeszahlen unter den sowjetischen Kriegsgefangenen.[62]

---

57 Zu den bestehenden 6 KZ kamen Auschwitz, Neuengamme, Natzweiler-Struthof, Groß-Rosen und Majdanek hinzu. Eine Sonderstellung nahmen das KZ Niederhagen als persönliches Projekt Himmlers zum Ausbau der Wewelsburg zu einer religiös-mystischen Kultstätte der SS sowie das SS-Sonderlager Hinzert ein.

58 Vgl. Orth: Das System der nationalsozialistischen Konzentrationslager. S. 104 f.

59 Von den sechs Vernichtungslagern (Sobibor, Auschwitz, Belzec, Majdanek, Chelmno, Treblinka) besaßen nur Auschwitz und Majdanek angeschlossene Konzentrationslager.

60 Vgl. Orth: Das System der nationalsozialistischen Konzentrationslager. S. 96.

61 Vgl. Orth: Das System der nationalsozialistischen Konzentrationslager. S. 97.

62 Vgl. Orth: Das System der nationalsozialistischen Konzentrationslager. S. 102.

1.4 Konzentrationslager in der zweiten Hälfte des Krieges bis zum Kriegsende 1942-1945

Die ökonomische Ausnutzung der Arbeitskraft der Häftlinge wurde ab 1942 zum primären und höchsten Zweck der Konzentrationslager, während bis zu diesem Zeitpunkt der Arbeitseinsatz noch weitestgehend unter dem Primat „Erziehung und Disziplinierung", „Strafe und Terror" und ab 1942 zunehmend auch der „Vernichtung durch Arbeit"[63] gestanden hatte. Selbst die rassenbiologischen Standpunkte der Nationalsozialisten, z.B. die Vernichtung der Juden und der „Zigeuner" hatten hinter dem wirtschaftlichen Nutzen, zumindest vorläufig, zurückzutreten.[64] Das Wechselverhältnis zwischen Arbeit und Vernichtung wurde zum bestimmenden Element des Zwangssystems der KZ. Die Kriegslage und der Sachzwang des enormen Arbeitskräftemangels vor allem in der relevanten Rüstungsindustrie hatten ein vorläufiges Umlenken in der Handlungsweise des Regimes nötig gemacht.[65] Bis 1942 war die von den Gefangenen verrichtete Zwangsarbeit volkswirtschaftlich unbedeutend gewesen und hatte neben dem Disziplinierungs- und Strafaspekt lediglich lagerinternen Nutzen. Auch in den SS-eigenen Betrieben, die oftmals an die Konzentrationslager angeschlossen waren, war der Arbeitskräfteeinsatz im Vergleich zu den Jahren 1943 bis 1945 deutlich geringer. Um den Arbeitskräfteeinsatz zentraler steuern zu können, die Häftlinge jedoch andererseits dem Zugriff des „Generalbevollmächtigten für den Arbeitseinsatz" Fritz Sauckel zu entziehen, wurde die IKL am 16.3.1942 in das kurz zuvor gegründete Wirtschaftsverwaltungshauptamt (WVHA) der SS als Amtsgruppe D unter Richard Glücks, der seit 1939 IdKL war, integriert.[66] Oswald Pohl, der Chef des WVHA äußerste sich in einem Brief an Himmler im April 1942 in Bezug auf den Wandel der Aufgaben der KZ:

---

63 Der Terminus „Vernichtung durch Arbeit" geht auf eine Aktennotiz über ein Gespräch zwischen Goebbels und Reichsjustizminister Thierack am 14.2.1942 zurück, bei dem Goebbels der Meinung war „[...] der Gedanke der Vernichtung durch Arbeit sei der beste." Am 18.2.1942 vereinbarten Himmler und Thierack schließlich die „[...] Auslieferung asozialer Elemente aus dem Strafvollzug an den Reichsführer SS zur Vernichtung durch Arbeit.". Vgl. Heß, Thorsten; Seidel, Thomas A.: Vernichtung durch Fortschritt am Beispiel der Raketenproduktion im Konzentrationslager Mittelbau. Berlin, Bonn 1995. S.44; Neander, Joachim: „Hat in Europa kein annäherndes Beispiel". Mittelbau-Dora – ein KZ für Hitlers Krieg. Berlin 2000. S. 66.

64 Vgl. Orth: Das System der nationalsozialistischen Konzentrationslager. S. 109, 172.

65 Obwohl Deutschland „judenfrei" gemacht werden sollte, wurden nach Anordnung im April 1944 Hitlers 100.000 vor allem ungarische Juden von der Vernichtung „zurückgestellt", ins Deutsche Reich in die KZ verschleppt und mussten auf den Baustellen der SS oder in der Rüstungsindustrie arbeiten.

66 Vgl. Orth: Das System der nationalsozialistischen Konzentrationslager. S. 163 f.; Tuchel: Die Inspektion der Konzentrationslager 1938-1945. S. 86.

„Der Krieg hat eine sichtbare Strukturveränderung der Konzentrationslager gebracht und ihre Aufgabe hinsichtlich des Häftlingseinsatzes grundlegend verändert. Die Verwahrung von Häftlingen nur aus Sicherheits-, erzieherischen oder vorbeugenden Gründen allein steht nicht mehr im Vordergrund. Das Schwergewicht hat sich nach der wirtschaftlichen Seite hin verlagert.“[67]

Himmler wollte die Rüstungsbetriebe in die Konzentrationslager verlegen, aber Hitler bestimmte auf Intervention Speers[68], dass die KZ-Häftlinge nur an die Rüstungsbetriebe vermietet werden durften.[69] Aus dieser Tatsache heraus gründet sich die plötzlich zunehmende verstärke Errichtung von Außen- und Nebenlagern der KZ, die ab 1944 starke expansive Züge annahm. Die Lager wurden in oder bei den einzelnen Betrieben errichtet, um die Anfahrtswege der Häftlinge gering zu halten und somit keine Arbeitszeit vergeudet würde. Die Initiative zur 'Entleihung' von Häftlingen und damit verbunden zur Errichtung eines Außenlagers ging in der Regel keineswegs von der SS, sondern von den Unternehmen aus, die pro männlichem Facharbeiter sechs RM und pro Hilfsarbeiter oder Frauen vier RM Miete an die Lager-SS pro Tag zu zahlen hatten.[70] Das über diese Praxis 'erwirtschaftete' Geld floss in die Reichskasse, da die KZ aus dem Staatshaushalt finanziert wurden. Die Be- und Überwachung im Betrieb wurde von zivilen Vorarbeitern und Meistern übernommen, deren Verhalten jedoch sehr häufig den grausamen Misshandlungen und Gewalttaten der SS und der Kapos[71] in nichts nachstanden. In vielen Fällen waren die Firmen für die Versorgung - eine gewisse Verpflegungspauschale war im Leihgeld schon enthalten - der Häftlinge verantwortlich, und hätten bei Bereitstellung von Verpflegung oder medizinischen Gütern erheblichen Einfluss auf die Lebens- und Überlebensbedingungen der Häftlinge nehmen können.[72] Bis 1942/1943 stand die Produktivität der Häftlinge in den KZ im Vergleich zur Privatindustrie bei 15%. Erst mit dem Übergang von der Produktion in KZ-eigenen Betrieben zur 'Vermietung' der Häftlinge und Produktion in den Privatunternehmen änderte sich dieses prozentuale Verhältnis.[73] Die wirtschaftliche Ausnutzung der Gefangenen führte zu einer starken Erhöhung der ge-

67 Zitiert nach Orth: Das System der nationalsozialistischen Konzentrationslager. S. 165.

68 Albert Speer wurde nach dem Tod Fritz Todts dessen Nachfolger als Minister für Bewaffnung und Munition im Februar 1942 und baute das Rüstungsministerium anschließend zur zentralen wirtschaftlichen Lenkungsbehörde aus.

69 Vgl. Orth: Das System der nationalsozialistischen Konzentrationslager. S. 172.; Dieckmann: Die nationalsozialistischen Konzentrationslager. S. 710.

70 Vgl. Orth: Das System der nationalsozialistischen Konzentrationslager. S. 175, S.180.; Wagner: Produktion des Todes. S. 386, 389.

71 Kapo leitet sich vom italienischen „il capo“ ab, was soviel wie "der Chef“ bedeutet, wird jedoch von vielen Häftlingen und auch in der Nachkriegsgesellschaft fälschlicherweise vom Begriff „Kameradschaftspolizei“ hergeleitet.

72 Vgl. Wagner: Produktion des Todes. S. 72.

73 Vgl. Dieckmann: Die nationalsozialistischen Konzentrationslager. S. 29.

samtwirtschaftlichen Zwangsarbeitsleistung im Verhältnis zur 'freien' Privatindustrie.

Mit der Etablierung der Außenlager büßte die SS die wichtige Macht- und Kontrollfunktion der Abschottung zur Außenwelt ein, denn viele Lager entstanden direkt in oder in unmittelbarer Nähe zu kleinen Dörfern, Gemeinden und kleinen Städten, in dessen Nähe die Unternehmen angesiedelt waren. Im April 1943 waren in den Konzentrationslagern 203.000 Menschen eingesperrt und dem Willen des Regimes und der SS ausgeliefert. Diese Zahl verdoppelte sich bis August 1944 noch einmal auf 524.000. Viele dieser Menschen waren polnischer oder russischer Herkunft, die zunächst als 'normale zivile' Zwangsarbeiter ins Reich gebracht und anschließend in die KZ eingewiesen wurden.[74] Trotz der zur Zeit der Jahreswende 1942/43 bereits absehbaren verlorenen Kriegslage und dem beginnenden stetigen Rückzug der Wehrmacht wurden in dieser Phase noch weitere KZ gegründet, die den Bedarf an Häftlingen für die Zwangsarbeit decken sollten. Ab dieser Zeit, in großem Umfang aber erst in den letzten Kriegsmonaten, mussten die Konzentrationslager auf dem Reichsgebiet die Häftlinge der im Zuge der anrückenden Roten Armee aufgegebenen Lager aufnehmen, die in riesigen Marschkolonnen teils mit der Bahn, teils zu Fuß „evakuiert" wurden.[75] Dabei starben aufgrund der Witterungs- und Versorgungsbedingungen viele Häftlinge oder wurden von der SS an Ort und Stelle exekutiert, wenn sie das vorgegebene Tempo nicht mehr halten konnten.

> „Als wesentliche Kennzeichen der Todesmärsche erwiesen sich Hunger und Erschöpfung, Schnee und Kälte, die Verstopfung der Marschrouten durch die deutschen Flüchtlingstrecks und Militärverbände, der Mangel an Ruhepausen und jeglicher Versorgung sowie die unbarmherzige Brutalität der Begleitposten."[76]

Himmler hatte zudem den Befehl ausgegeben, dass kein Häftling in die Hände des Feindes fallen dürfe, was für die „transportunfähigen" das Todesurteil bedeutete, indem sie entweder kurz vor Abreise direkt ermordet wurden, oder aufgrund der Nichtversorgung an deren Folgen starben. In den völlig überfüllten und bereits davor völlig unterversorgten Ziel-Lagern angekommen, sahen sich die „evakuierten" Häftlinge katastrophalen Zuständen ausgesetzt und wurden nicht selten sich selber überlassen und gar nicht mehr versorgt. 714.000 Menschen waren in den Konzentrationslagern mit ihren Außenlagern am 15.1.1945 eingesperrt.[77]

---

74 Vgl. Orth: Das System der nationalsozialistischen Konzentrationslager. S. 192.

75 Z.B. Stutthof, Arbeitsdorf , Herzogenbusch, Riga-Kaiserwald, Krakau-Plaszow, Kaunas, Vaivara, Warschau, Mittelbau-Dora, Bergen-Belsen.

76 Orth: Das System der nationalsozialistischen Konzentrationslager. S. 285 f.

77 Vgl. Orth: Das System der nationalsozialistischen Konzentrationslager. S. 222.

Aufgrund der Einberufung zur Front in die Waffen-SS, fehlten den Totenkopfverbänden viele Wachtruppen, so dass 50% der Wachtruppen ab Mitte Januar 1945 aus ehemaligen zum Teil alten oder frontdienst- bzw. kriegsdienstuntauglichen Wehrmachts- und SS-Soldaten bestand.[78] Dieser Umstand führte aber nicht grundsätzlich zu einer Verbesserung der Behandlung oder der Versorgung. Als ab April 1945 begonnen wurde, die Konzentrationslager auf dem Reichsgebiet zu „evakuieren", brach endgültig das Chaos aus, denn bei vielen Transporten waren Ziel, als auch Herkunftslager bereits durch die Alliierten befreit und so irrten sie quer durch Deutschland.

Obwohl es wesentliche Unterschiede zwischen den Vernichtungslagern und den Konzentrationslagern gab, wurden vor allem ab 1942 und damit der zweiten Hälfte des Krieges die KZ zu Orten der Massenvernichtung. Das Begriffspaar „Arbeit" und „Vernichtung" war in seiner Gleichzeitigkeit prägend für die letzte Phase der Konzentrationslager und somit die Bezeichnung der Zustände mit „Vernichtung durch Arbeit" zutreffend. Die Tötung der Häftlinge durch Misshandlungen, Unterlassung der Versorgung, unmenschliche Arbeitsbedingungen aber auch direkten Mord durch Erschießung, Giftinjektion oder Erhängen u.a. nahm gewaltige Ausmaße an.[79]

Gesamtbetrachtung des Konzentrationslagersystems

Die Anzahl aller Konzentrationshaupt- bzw. Stammlager ist nicht genau festzustellen, die Zahl in der Forschung schwankt je nach Einteilungskriterium zwischen 22-25.[80] Das am häufigsten verwendete Kriterium für die Einteilung ist die damalige Unterstellung der Lager unter die IKL bzw. ab 1942 dem WVHA, welches wiederum dem Reichsführer SS Heinrich Himmler unterstellt war.[81] Die Zahl der Nebenlager, die insgesamt existiert haben, wird meist auf ca. 1.200 ge-

---

78 Vgl. Orth: Das System der nationalsozialistischen Konzentrationslager. S. 242. Hitler hatte im Mai 1944 entschieden, 10.000 Soldaten der Wehrmacht, die bis dahin auf der Krim stationiert waren, als Wachmannschaften in die Waffen-SS einzugliedern.

79 Vgl. Orth: Das System der nationalsozialistischen Konzentrationslager. S. 113. In den Konzentrationslagern wurde auch in kleinem Maße mit Gas gemordet, allerdings nicht in der fabrikmäßigen Art wie es z.B. in Auschwitz-Birkenau getan wurde. Im Zuge des so genannten „Kommissarbefehls" vom Oberkommando der Wehrmacht und dem Einsatzbefehl Nr .9 sagte der Chef des Reichsicherheitshauptamtes Heydrich am 21.7.1941: „Die Exekutionen sind nicht öffentlich und müssen unauffällig im nächstgelegenen Konzentrationslager durchgeführt werden." Zitiert nach Orth: Das System der nationalsozialistischen Konzentrationslager. S. 123.

80 Unterschiedliche Angaben bei z.B.: Benz, Distel, Fritz: 25; Sofsky: 23; Schwarz, Dieckmann, Herbert, Orth: 22 .

81 Vgl. Orth: Das System der nationalsozialistischen Konzentrationslager. S. 17.; Fritz, Ulrich; Kavcic, Silvija; Warmbold, Nicole: Tatort KZ. Neue Beiträge zur Geschichte der Konzentrationslager. Ulm 2003. S. 15.

schätzt, ist jedoch aufgrund des eigentümlichen Charakters und der Größe und teilweise sehr kurzer Existenzdauer dieser Lager noch schwerer nachzuweisen. Während der ganzen Existenzzeit des „Dritten Reiches“ gab es neben den zur IKL gehörenden Konzentrationslagern eine große Anzahl weitere Zwangslager wie z.B. Arbeitserziehungs-, Jugendschutz-, Zivilinternierungs-, Sonder-, oder Zigeunerlager sowie Strafgefangenenlager der Gestapo, der Ordnungspolizei oder der Justiz.[82] In diesen Lagern waren die Verhältnisse und Lebensumstände oft nur geringfügig besser, die Chancen auf ein Überleben waren etwas höher, jedoch herrschten auch in ihnen menschenunwürdige Zustände.[83] In den Erinnerungen der Überlebenden anderer Lager wie z.B. der Polizeihaftlager oder der Zwangsarbeiterlager werden diese Lager häufig als Konzentrationslager wahrgenommen.[84] Dies liegt zum einen an den mitunter ähnlich katastrophalen menschenverachteten Lebensbedingungen sowie an den Gewaltakten denen die Inhaftierten ausgesetzt waren. Zum anderen an einer bewusst oder unbewusst betriebenen Kompensierung der Missachtung der Gesellschaft für die Leiden der Opfer solcher Lager, welche in Anbetracht der ungeheuerlichen Gräuel und Zustände der Vernichtungs- und der Konzentrationslager, kaum in die Öffentlichkeit gerieten. Die Überlebenden aus allen Lagertypen hatten aber vor allem eines gemeinsam: für viele wurde die Erfahrung der Haft mit all seinen traumatischen Bedingungen und grausamen Auswüchsen zum bestimmenden Mittelpunkt ihres Lebens.[85]

Während die Organisations- und Verwaltungsstruktur der Konzentrationslager von 1936 bis zum Ende des Krieges 1945 weitgehend stabil blieb, änderte sich deren Funktion wie oben dargestellt teilweise erheblich.[86] Sie beinhaltete alle erdenklichen Formen von Grausamkeiten und Terror und übte diese über die Verschleppung, die Freiheitsberaubung, die Willkür, die Zwangs- und Sklavenarbeit[87], die Ausbeutung und final im Massen- und Völkermord aus.[88] Die

82 Vgl. Wippermann: Konzentrationslager S.70.

83 Vgl. Wippermann: Konzentrationslager. S. 8.

84 Vgl. Fritz: Tatort KZ. S. 15.

85 Vgl. Dieckmann: Die nationalsozialistischen Konzentrationslager. S. 19.

86 Vgl. Fritz: Tatort KZ. S. 50.

87 Die Bezeichnung „Zwangs- bzw. Sklavenarbeit“ ist im Bereich dieses Themas von der ursprünglichen Bedeutung der Begriffe abgekoppelt. Es kann nur eine ungefähre Beschreibung darstellen, lässt sich aber mit früheren Zustände die derart beschrieben und bezeichnet worden sind, nicht vergleichen, wie Sofsky (S. 199) zutreffend darstellt: „Ein Sklave ist seinem Status nach keine Person, sondern eine Sache, als biologisches Wesen aber ein Mensch, der als Besitz einen Wert hat. Der Häftling [der Konzentrationslager] dagegen wurde durch Demütigung und Verelendung tatsächlich depersonalisiert, entmenschlicht, in ein animalisches Reaktionsbündel verwandelt, am Ende getötet.“ Der Tod des Sklaven war für dessen Herrn ein Verlust, der Tod des KZ-Häftlings hingegen war ein Sieg der absoluten Macht der SS.

88 Vgl. Schwarz: Die nationalsozialistischen Lager. S. 29.; Wagner: Produktion des Todes S. 44.

nationalsozialistischen Konzentrationslager waren multifunktionale Einrichtungen als Haft-, Produktions- und Exekutionsstätten, Ausbildungszentren für die SS-Totenkopfstandarten sowie allgemeines gesellschaftliches Terror- und Druckinstrument und sind deshalb zu Symbolen der Unmenschlichkeit des NS-Regimes geworden. Mit ihnen ist die terroristische Unterdrückung der innenpolitischen Gegner ebenso verbunden wie die ideologische Vernichtungspolitik ganzer ethnische und sozialer Gruppen.[89] Die Lager waren vollkommen militarisiert d.h. nach militärähnlichen Strukturen aufgebaut, so dass diejenigen Gefangene „[...] einen Anpassungsvorteil [hatten], die über Erfahrungen aus der Militärzeit verfügten."[90] Die Gesamtanzahl der in den Konzentrationslagern[91] Ermordeten oder durch deren Bedingungen Gestorbenen lässt sich nicht mit Exaktheit bestimmen, viele Untersuchungen und Forschungen beziffern 1.885.889 bis 2.045.315 Opfer als realistisch.[92]

1.5 Der Konzentrationslagerkomplex Mittelbau-Dora

Die Geschichte des KZ-Komplexes Mittelbau-Dora, zur Zeit des Nationalsozialismus unter der Bezeichnung „KL Mittelbau" geführt, ist im Vergleich zu anderen Konzentrationslagern sehr kurz, jedoch nicht minder grausam und schrecklich. Die Bezeichnung „Mittelbau" wurde im Gegensatz zu anderen KZ aufgrund der Geheimhaltung ohne Ortszusammenhang gewählt.[93] Wenn über Mittelbau-Dora geschrieben wird, meint dies den gesamten KZ-Komplex Mittelbau, also Dora als Außenlager vom KZ Buchenwald und später eigenständiges KZ sowie die zahlreichen darunter zusammengefassten Außenkommandos und Nebenlager. Der Begriff Mittelwerk umfasst hingegen ausschließlich das Unternehmen bzw. die Fabrik zur Aggregat 4-Raktenherstellung (A4).

Aufbauphase vom Mittelwerk und Dora

Nach britischen Bombenangriffen am 17. und 18.8.1943 auf die Heeresversuchsanstalt in Peenemünde, in der intensiv zur Raketenwaffentechnologie geforscht und entwickelt wurde, beschlossen die verantwortlichen Stellen die Entwicklung

89 Vgl. Orth: Das System der nationalsozialistischen Konzentrationslager. S. 9.

90 Zitiert nach Sofsky: Die Ordnung des Terrors: Das Konzentrationslager. S. 85.

91 Hierzu zählen auch die an die Konzentrationslager Auschwitz und Majdanek angeschlossenen Vernichtungslager, nicht jedoch die vier anderen Vernichtungslager der Nationalsozialisten.

92 Vgl. Orth: Das System der nationalsozialistischen Konzentrationslager. S. 346.

93 Vgl. Bornemann, Manfred: Geheimprojekt Mittelbau. Vom zentralen Öllager des Deutschen Reiches zur größten Raketenfabrik im zweiten Weltkrieg. Bonn 1994. S. 174.

und Produktion der Raketen in bombensicheren Anlagen unterzubringen.[94] Die Untertageverlagerung in natürlichen Höhlen oder vorhandenen Bergwerksstollen u.ä. erschienen wirtschaftlicher als der Bau von Großflächenbunkern, die Hitler ursprünglich bevorzugt hatte. Hans Kammler, als Amtschef C (Bauwesen) im WVHA für alle Bauten der SS verantwortlich, erhielt den Auftrag, die Untertageverlagerung der Produktion der A4-Rakete in einer Serienfertigungsfabrik möglich zu machen. Hierfür wurde der „Sonderstab Kammler"[95] gegründet, der es ihm aufgrund der direkten Unterstellung unter Himmler aber auch unter das Rüstungsministerium ermöglichte, direkt über eine unbegrenzte Anzahl an KZ-Häftlingen zu verfügen und damit das Amt D II (Arbeitseinsatz der Häftlinge) zu umgehen.[96] Aus dieser Entwicklung heraus wurde am 28.8.1943 Dora verwaltungstechnisch als Außenlager von Buchenwald am Kohnstein, einem 330m hohen Höhenzug im südlichen Harzgebiet, bei Nordhausen (Karte der Umgebung – Anhang 1) gegründet und die ersten 107 Häftlinge dorthin verlegt. Da im Kohnstein bereits während des Ersten Weltkrieges Anhydrit[97] abgebaut wurde und die Wirtschaftliche Forschungsgesellschaft (Wifo) seit 1936 in den Stollen ein großes Öl- und Schmierstofflager für die Wehrmacht errichtet hatte, bestanden bereits große, lange, hohe Stollen[98] und stellten deshalb den idealen Ort für das Vorhaben der SS dar. Die Wifo musste die Stollen auf Druck des Rüstungsministeriums unter Speer verlassen, behielt sie aber in ihrem Besitz.[99] Aufgrund der Dringlichkeit des Aufbaus der Raketenfabrik, in Hinblick auf die bereits zu dieser Zeit bestehende verheerende Kriegslage, hatte der Bau der Fabrik Vorrang vor dem Bau von Baracken oder anderen Häftlingsunterkünften. Man glaubte in der nationalsozialistischen Führungsriege, die neue Waffe - die ballistische Flüssigkeitsrakete A4 war ein technisches Novum in der Militärgeschichte - würde eine kriegsentscheidende Wende herbeiführen. Ein Zitat Kammlers an seinen Untergebenen war programmatischer Ausspruch für die Gewichtungen während der Aufbauphase: „Kümmern Sie sich nicht um die menschlichen Opfer. Die Arbeiten müssen vorankommen, und das in möglichst kurzer Zeit"[100]. Der Dringlichkeit des Stollenvortriebs und der Aufbau der Produktionseinheiten für die A4, fielen in Dora in der Anfangsphase sogar die in anderen KZ obligatorischen Lagerappelle zum Opfer.[101] Die Häftlinge wurden direkt im Berg in den zwölf Meter breiten

94 Vgl. Wagner: Produktion des Todes. S. 183.

95 Hitler hatte Kammler zum „Sonderbeauftragten für Baufragen der A4 Raketenfertigung" ernannt.

96 Vgl. Wagner: Produktion des Todes. S. 69 ff.

97 Anhydrit wird als Rohstoff in der chemischen Industrie verwendet, wird aber auch benötigt, um Gips herzustellen.

98 Eine exakte Beschreibung und Lager der vorhandenen Fahr-, Quer- und Verbindungsstollen und Kammern ist für diese Arbeit irrelevant und würde zu tief ins Detail führen.

99 Vgl. Wagner: Produktion des Todes. S. 9.

100 Zitiert nach Wagner: Produktion des Todes. S. 359.

101 Vgl. Neander: „Hat in Europa kein annäherndes Beispiel". S. 51.

und neun Meter hohen, sehr kalten „Schlafstollen“ untergebracht, obwohl es bereits einen voll klimatisierten Teil in der Stollenanlage gab.[102] Welchen grausamen und unmenschlichen Bedingungen, die bereits an Lager- und KZ-Haft gewohnten Häftlinge - Dora war kein Einweisungslager, d.h. Inhaftierte hatte bereits andere KZ durchlaufen - auf diese Weise ausgesetzt waren, wird im 3. Kapitel ausführlicher beleuchtet.

Gleichzeitig mit dem Beginn des Stollenvortriebes hatte oberirdisch[103] der Bau des SS-Lagers, der Unterkünfte für zivile Arbeiter sowie der dringend benötigten Infrastruktur in Form von Straßen sowie Eisenbahnlinien begonnen und wurde im Gegensatz zum sporadischen Aufbau des eigentlichen Häftlingslager zügig vorangetrieben. Damit zeigte sich erneut die Verachtung der Häftlinge und ihrer lebensnotwendigen Bedürfnisse durch die Nationalsozialisten. Die Mittelwerk GmbH, unter welcher die Produktion der Rakete serienmäßig stattfinden sollte, wurde am 21.9.1943 gegründet und existierte dann offiziell seit dem 7.10.1943.[104] Im Dezember 1943 war die Raketenfabrik fast fertig gestellt, was jedoch nicht das Ende des Stollenausbaus im Kohnstein (Karte der fertigen Stollenlage – Anhang 2) bedeutete, der weiterhin fortgeführt wurde. Die Häftlingszahlen waren bis zu diesem Zeitraum explosionsartig gestiegen und betrugen bereits 10.500, im Januar 1944 schließlich 12.500.[105] Mit der Montage der Raketen wurde direkt im Frühjahr 1944 begonnen, die bereits Silvester 1943 und danach fertig gestellten Raketen hatten allerdings erhebliche Mängel und waren keinesfalls einsatzfähig.

Obwohl Dora wegen der als nötig angesehenen unterirdischen Verlagerung der Raketenproduktion gegründet worden war, arbeiteten bereits im Frühjahr 1944 nur eine Minderheit der Häftlinge in der Raketenmontage. Die meisten Häftlinge mussten in den berüchtigten Baukommandos arbeiten - nur 10% arbeiteten in dieser Zeit im Mittelwerk - in denen die Überlebenschancen deutlich geringer waren als in der Raketenfertigung.[106] Denn in der Fertigung hatte der Häftling für die SS einen gewissen Wert, da man nun, im Gegensatz zur körperlichen Knochenarbeit der Baukommandos, ausgebildete und qualifizierte Arbeiter für die zum Teil sehr komplizierten Arbeitsschritte benötigte, so dass die Häftlinge nicht beliebig ersetzbar waren, da die Anlernzeit für einen Posten eine gewisse Länge hatte, und

---

102 Vgl. Fiedermann, Angela; Heß, Thorsten; Jaeger, Markus: Mittelbau Dora. Ein historischer Abriss. Berlin, Bonn 1993. S. 21.

103 Die Stollen im Kohnstein sind an sich ebenerdig gelegen, das bedeutet, dass 'ober- bzw. unterirdisch' hier keine Höhenverhältnisse, sondern lediglich den Unterschied zwischen Arbeit bzw. Aufenthalt 'unter freiem Himmel' und 'im Berg' meint.

104 Vgl. Wagner: Produktion des Todes. S. 195.

105 Vgl. Rothfels, Hans; Eschenburg, Theodor: Studien zur Geschichte der Konzentrationslager. IN: Schriftenreihe der Vierteljahreshefte für Zeitgeschichte. Nummer 21. Stuttgart 1970. S. 166.

106 Vgl. Wagner: Produktion des Todes S. 194.

die Produktion bei ständig neuer Anlernung in Verzug kommen würde.[107] Viele der Facharbeiten wurden dennoch von zivilen deutschen Arbeitskräften übernommen. Dies lag neben dem Misstrauen der SS gegenüber den Häftlingen im Zusammenhang mit Sabotageaktionen bei der Fertigung vor allem daran, dass viele Häftlinge bei der Selektion bestimmte Fachberufe angeben hatten, um in der Fertigung zu arbeiten. Ein Überleben war in diesen Kommandos viel wahrscheinlicher, da ein Interesse der Werksleitung bestand, die Lebensbedingungen auf einem solchen Mindestmaß zu halten, dass die Arbeitskräfte erhalten blieben. Der Einfluss der SS im Werk beschränkte sich auf den Transport der Häftlinge zu den Arbeitsstellen sowie nach Arbeitsschluss auf die Unterbringung und Versorgung der Häftlinge im Lager, um das sich die Mittelwerk GmbH überhaupt nicht kümmerte. Die Bewachung der Häftlinge während der Arbeit wurde nur teilweise durch die SS durchgeführt. Sabotageaktionen und andere Überwachungsaufgaben wurden durch Spitzel der Gestapo und des Sicherheitsdienstes[108] (SD) übernommen.

Erst im Januar 1944 wurde verstärkt mit dem Bau des oberirdischen eigentlichen Konzentrationslagers begonnen, welches die ‘typischen’ Gebäude umfasste: Häftlingsbaracken aus Holz, Wachtürme, Stacheldrahtzäune, Krankenrevier und massive Bauten für den Bunker und die Wirtschaftsgebäude des Lagers. Im Zuge der Gründung des „Jägerstabes“ am 1.3.1944, welcher Industrielle, das Reichsluftfahrtministerium, das Rüstungsministerium und den Sonderstab Kammler umfasste, wuchsen die Verlagerungs- und Bauvorhaben des Dritten Reiches ins Gigantische.[109] In diesem Projekten mussten die ‘alten Bauhäftlinge’, die durch die unmenschliche Arbeit im Stollen körperlich oft völlig am Ende ihrer Kräfte waren, so dass sie für die Nationalsozialisten in der Fertigung nicht mehr zu gebrauchen waren, arbeiten. Nach und nach wurden die Häftlinge ab Januar 1944 im Lager untergebracht, aber erst Ende Mai 1944 wurde das Lager Dora mit ca. 50 Häftlingsbaracken fertig gestellt - bei der Lagerbefreiung waren es durch die ständig erforderlichen Erweitungen 148 Baracken (Karte des gesamten Lagers – Anhang 3) - so dass kein Häftling mehr unterirdisch schlafen musste, was zu einer merklichen Verbesserung der Bedingungen führte, auch wenn man diese selbstverständlich immer unter dem Aspekt des Konzentrationslagers sehen muss, und deswegen zu keiner Zeit von ‘erträglichen’ oder gar ‘guten’ Bedingungen gesprochen werden kann, auch wenn dies den zuvor im Stollen untergebrachten Häftlin-

---

107 Vgl. Wagner: Produktion des Todes. S. 191 f.

108 Der unter der SS eingegliederte Sicherheitsdienst war ursprünglich der Nachrichtendienst der NSDAP, wurde jedoch im Laufe des Regimes zum Überwachungsapparat der eigenen Parteileute und der politischen Opposition ausgebaut.

109 Vgl. Orth: Das System der nationalsozialistischen Konzentrationslager. S. 246.; Wagner: Produktion des Todes. S. 93. Allein das Reichsluftfahrtministerium betrieb zu diesem Zeitpunkt bereits 57 Untertageverlagerungsprojekte.

gen in ihren Wahrnehmungen durchaus so vorkam. Im Lager selbst gab es nun zumindest ein gewisses Maß an medizinischer Versorgung, Latrinen in den Baracken und Waschmöglichkeiten. Die Zahl der Toten ging ab Juni 1944 im Vergleich zu den Vormonaten stark zurück, nachdem die Mortalität im Stollen seit November 1943 enorm angestiegen war. Bis März 1944 waren bereits 3.000 Häftlinge in Dora auf verschiedene Weise zu Tode gekommen. Zu diesen erschreckenden Zahlen kamen noch 3.000 Schwerkranke, völlig Entkräftete und Sterbende hinzu, die per Transport ins Vernichtungslager Lublin-Majdanek, wo vermutlich keiner, oder nach Bergen-Belsen, wo aufgrund der dort herrschenden Verhältnisse nur sehr wenige überlebt haben dürften, 'abgeschoben' wurden.[110] Bis zu diesem Zeitpunkt waren 17.000 Menschen nach Dora zur Zwangsarbeit deportiert worden, so dass man mit einer Todesrate von 1/3 aller Häftlinge rechnen muss.[111] Die Praxis der „Auslagerung des Sterbens"[112] wurde auch in den Folgemonaten beibehalten, weswegen die von April bis Oktober 1944 ermittelte vermeintlich 'bessere' Todesstatistik von knapp 1.000 trügerisch ist.[113]

Ausbildung und Konsolidierung des Mittelbau-Dora-Komplexes

Aufgrund der zahlreichen Menschen die täglich in Dora umkamen, wurde im April 1944 ein Krematorium in dem im Aufbau befindlichen Lager Dora gebaut. Bis zu diesem Zeitpunkt wurden sämtliche Leichen nach Buchenwald transportiert, täglich oft bis zu 80 Leichen, was zu einer enormen Beängstigung und Schreckensvorstellung der dortigen Häftlinge führte und Dora schnell seinen berüchtigten Ruf als der „Hölle von Buchenwald"[114] einbrachte. Im April 1944 musste das Mittelwerk fast die Hälfte der Stollenkammern räumen, da ab Sommer 1944 im neu gegründeten Nordwerk der Junkers-Konzern Strahltriebwerke, für die von Hitler mittlerweile als kriegswichtiger erachtete Jägerproduktion - in diesem Fall das Düsenflugzeug Me 262 - hergestellt wurde.[115] Zu keinem Zeitpunkt der Existenz der Raketenfabrik wurde der geplante Ausschuss von 1.800 A4 pro Monat eingehalten. Die Höchstzahlen, die erreicht werden konnten, lagen ab September 1944 zwischen 600-700 Stück. In Folge der Verlegung der Produktion der Flugbombe (Fi 103) des Volkswagenwerkes - in der nationalsozialistischen Propaganda durch Goebbels initiiert „Vergeltungswaffe" bzw. in daraus abgeleiteter Kurzform „V1" genannt - erfuhr das Mittelwerk im September 1944 eine weitere

110 Vgl. Wagner: Produktion des Todes. S. 189.

111 Vgl. Orth: Das System der nationalsozialistischen Konzentrationslager. S. 227.

112 Vgl. Wagner: Produktion des Todes. S. 194.

113 Vgl. Fiedermann: Mittelbau Dora. S. 34.

114 Rassinier, Paul: Die Lüge des Odysseus. Wiesbaden 1959. S. 74.

115 Vgl. Wagner: Produktion des Todes. S. 203.; Henneberg, Ilse: „Niedergefahren zur Hölle – Aufgefahren gen Himmel". Wernher von Braun und die Produktion der V2-Raketen im KZ-Mittelbau-Dora. Bremen 2002. S. 59.

Verkleinerung der Fabrik für die Produktion der A4-Rakete, welche in der Propaganda und im Volksmund analog zur „V1", „V2" genannt wurde.[116] Zusätzlich zu dieser Einengung, erhielt das Mittelwerk im Herbst 1944 den Auftrag, den „Volksjäger" He 162 der Firma Heinkel zu konstruieren und zu fertigen.

Während sich die Nationalsozialisten in immer futuristischere und wahnwitzigere Entwicklungen von „Wunderwaffen" und Bauvorhaben stürzten, deren Verwirklichung und Wirkung als kriegsentscheidende Waffen völlig illusorisch und realitätsfern waren, wuchs parallel dazu der Druck und die Zwangsmaßnahmen auf die Häftlinge. Es wurden immer mehr Arbeitskräfte benötigt und in den M-D-Komplex deportiert, während sich die hygienischen Bedingungen sowie die Versorgung mit Nahrungs- und Kleidungsmittel u.a. in den Lagern zunehmend weiter verschlechterten (Entwicklung der Belegungszahlen von Dora und der Außenlager vom April bis Oktober 1944 – Anhang 4). Am 28.10.1944 wurde M-D zu einem eigenständigen KZ umgewandelt und war damit das letzte gegründete selbstständige Konzentrationslager der Nationalsozialisten.[117] Dora als Stammlager hatte nun die Verwaltungs- und Verteilungshoheit über die anderen Lager im M-D-Komplex, der sich schnell spinnennetzartig ausbreitete. In diesen weiteren Lagern, die früher - sofern sie nicht erst nach dem 28.10.1944 gegründet worden waren - ebenfalls Außenlager von Buchenwald gewesen waren, mussten die Häftlinge vornehmlich, wie oben erwähnt, bei weiteren Bauprojekten arbeiten, die neben den Untertageverlagerungen von weiteren Waffen- und kriegsrelevanten Produktionen zunehmend die über 100 verschiedenen Zulieferungsbetriebe für die A4, die aus nahezu 20.000 Einzelteilen bestand[118], aufnehmen sollten. Einige der neu entstandenen Außenlager waren z.B. in Ellrich-Juliushütte, Harzungen, Rottleberode, Woffleben, Rossla, Wernigerode, Osterode, Blankenburg, Kleinbodungen, Niedersachsenwerfen, Ilfeld, Stempeda oder direkt in Nordhausen die Boelcke-Kaserne. Das am 1.4.1944 gegründete Lager in Harzungen (Mittelbau III), unter dem Decknamen „Hans" geführt, hatte als drittgrößtes Lager des M-D-Komplexes im Durchschnitt 5.000 Menschen inhaftiert. Während die normale Belegstärke in Ellrich-Juliushütte (Mittelbau II), mit Decknamen „Erich", 8.000 Häftlinge betrug und damit nach Dora (Mittelbau I) das zweitgrößte Lager innerhalb des M-D-Komplexes war.[119]

116 Vgl. Wagner: Produktion des Todes. S. 204.; Bornemann: Geheimprojekt Mittelbau. S. 82. Nach Bornemann stammt die Bezeichnung „V2" nicht von „Vergeltungswaffe", sondern von „Versuchsgerät 2", also von der 2. A4-Testrakete.

117 Sowohl Henneberg (S.60), Fiedermann (S.51) wie auch Pachaly und Pelny (S. 7) ermittelten für die Umwandlung Doras in ein eigenständiges KZ den 1.10.1944. Dieses Datum geht auf eine Anordnung Pohls vom 30.9.1944 zurück, aus organisatorischen Gründen heraus verzögerte sich die Verselbstständigung zum KZ Mittelbau jedoch bis zum 28.10.1944.

118 Vgl. Bornemann: Geheimprojekt Mittelbau. S.102.

119 Vgl. Wagner: Produktion des Todes. S. 246 f.

Die vor allem 1944 gegründeten Außenlager waren oft in unmittelbarer Nähe von Ortschaften und somit der deutschen Bevölkerung untergebracht. Es waren z.B. einzelne Außenkommandos in ungenutzten Fabrikhallen, Scheunen oder Kellern von Gasthäusern untergebracht. Auch durch die Arbeit oder den Weg dorthin z.B. durch die Schutt- und Räumkommandos nach Bombenangriffen, gab es ständige Berührungspunkte zwischen den Häftlingen und der Bevölkerung:

> „Im Morgengrauen rückte ein Teil der KZ-Häftlinge aus dem Lager zu den verschiedenen Arbeitsplätzen. Die Kolonnen kamen über die Bahnlinie in die Stadt. Auf ihrem holprigen Pflaster schlurften die Holzpantinen im Gleichmaß einer unheimlichen, ängstigenden Uhr. Ab und an bellten Hunde. Und wenn dieses unbeschreibbare Geräusch in der Abenddämmerung wieder aus dem Alltäglichen, anfangs kaum hörbar, näher kam, durfte ich nicht hinter dem Zaun auf die schweigenden Männer warten, sondern musste bei der Großmutter in der schmalen Küche sein. Dort übertönte Radiomusik das bedrohliche Grollen, das hinter dem Stacheldraht, auf der >Juliushütte<, die wir nicht mehr betreten durften, erstarb."[120]

Die „Zebras"[121] waren im Südharz in den letzten Kriegsmonaten ein gewohntes Bild in den Ortschaften.[122] Die Bevölkerung im Umkreis Nordhausen war allerdings bereits vor der Gründung des M-D-Komplexes an zur Arbeit gezwungene oder schlicht ihrer Freiheit beraubter, eingepferchte Menschen gewöhnt und muss sie fast täglich gesehen haben, denn um Nordhausen existierten 30 Kriegsgefangenenlager sowie im Kreis Nordhausen ca. 100 Zivilarbeitslager - allein 30 direkt in der Stadt.[123] Selbst in wirtschaftlicher Hinsicht war der M-D-Komplex mit der zivilen Umgebung verwoben, da z.B. die Wäsche bis Herbst 1944 in der Städtischen Waschanstalt gewaschen wurde, die Postämter die Paketlisten aufstellten und in manchen Gemeinden sogar die Standesämter die Todesfälle der Lager verzeichneten.[124] Diese Tatsachen belegen, dass die Bevölkerung der umliegenden Ortschaften und Städte mitunter sehr genaue Vorstellungen über die Bedingungen im M-D-Komplex sowie deren Auswirkungen auf die abgemagerten Häftlinge haben musste.

Viele der Außenlager waren sehr klein und hatten nur wenige Häftlinge oder existierten nur eine sehr geringe Zeitspanne. Die meisten wichtigen Gebäude und

---

120 Zitiert nach Wagner: Produktion des Todes S. 536.
Das Lager Ellrich-Juliushütte lag direkt neben dem Bahnhof von Ellrich, d.h. das Reisende und Ankommende, die in die Stadt kamen, zuerst das Lager sahen.

121 „Zebras" war in der Bevölkerung die Bezeichnung für die KZ-Häftlinge aufgrund ihrer gestreiften Häftlingskleidung.

122 Vgl. Wagner: Produktion des Todes. S. 15.

123 Vgl. Wagner: Produktion des Todes. S. 160 ff.
Im Landkreis Grafschaft Hohenstein und Nordhausen waren ca. 10.000 Zwangsarbeiter untergebracht.

124 Vgl. Wagner: Produktion des Todes. S. 540.

Funktionen wie z.B. Krankenrevier oder die Verwaltung besaßen die Außenlager nicht, andere hatten nur eine einzige bestimmte Funktion und dienten sonst keinem weiteren Zweck. In einer Art, die dem heutigen 'Outsourcing-Prinzip' nahe kommt, übernahm das Stammlager Dora für die Außenlager die meisten Funktionen und war Drehscheibe für die Häftlingsverteilung. Die Lager des Mittelwerk-Komplexes waren ein logistisches, verwaltungstechnisches bürokratisches verwobenes Geflecht. Der Mittelbau-Dora-Komplex umfasste insgesamt 32 Außenkommandos sowie vier SS-Bau- und drei SS-Eisenbahnbaubrigaden, in denen vornehmlich im Stollenvortrieb sowie Stollenausbau, beim Brückenbau und beim Straßenbau und Tiefbau aber auch in Rüstungs- und Handwerksbetrieben gearbeitet werden musste[125] (Tabelle aller Außenlager – Anhang 5). Entgegen der ursprünglichen Intention der Gründung Doras zur Schaffung eines „Rüstungs-KZ" war es vielmehr ein „Bau-KZ" geworden, in welchem nur ein kleiner Teil der Häftlinge in der Raketenfertigung arbeitete.[126]

Die Lebensbedingungen waren nicht in jedem Lager gleich schlecht. Viele Häftlinge machten einen Leidensweg durch eine ganze Anzahl von diesen kleinen Lagern durch, wobei die Zustände der einzelnen Lager hierarchisch immer katastrophaler und unmenschlicher wurden und damit einhergehend der körperlicher Zustand der Häftlinge bis hin zur völligen Erschöpfung und zum Tod, immer schlechter wurde. War in einem Lager die Arbeitskraft eines Menschen nicht mehr den Anforderungen gewachsen, wurde er 'einfach' in ein anderes Lager abgeschoben, welches noch schlechtere Bedingungen vorwies, in denen man nicht geschont, sondern noch weiter und schlimmer geschunden wurde.[127] Im November 1944 wurden in Dora die Aktivitäten verschiedener unabhängig agierender, aber dennoch zueinander in Beziehung stehender Widerstandsgruppen durch einen als Spitzel der SS tätigen Kapo, aufgedeckt und die involvierten Häftlinge grausam misshandelt, gefoltert und anschließend hingerichtet.[128]

Endphase und Auflösung vom Mittelbau-Dora-Komplex

Aufgrund der Auflösung der Lager im Osten durch das Vorrücken der Roten Armee, gelangten immer mehr „Evakuierungstransporte" mit völlig entkräfteten Menschen nach Dora und in deren Außenlager, so dass die Gesamtlagerstärke rapide bis auf 40.000 Menschen anwuchs. Selbst für die in M-D abgehärteten

---

125 Vgl. Schwarz: Die nationalsozialistischen Lager. S. 211.; Bornschein, Joachim: Raketenschmieden und KZ-Außenkommandos im Eichsfeld und Südharz 1944-1945. Weimar 2003. S. 12 ff.

126 Vgl. Wagner: Produktion des Todes. S. 258.

127 Vgl. Dieckmann: Die nationalsozialistischen Konzentrationslager. S. 713.

128 Vgl. Bornemann, Manfred: Aktiver und Passiver Widerstand im KZ Dora und im Mittelwerk. Eine Studie über den Widerstand im KZ Mittelbau-Dora. Berlin, Bonn 1994. S. 36, 79.

Häftlinge stellten die Ankünfte von Transporten aus Auschwitz und Groß-Rosen erschütternde Ereignisse dar:

> „Diese Tage waren für mich die schrecklichsten in meinem Leben, und ich werde sie nie vergessen. Diese Menschen wurden aus einem Lager in Polen vor dem russischen Einmarsch evakuiert. Sie wurden in offenen Wagen ohne Verpflegung 20 Tage lang von Polen bis nach Mitteldeutschland transportiert. Unterwegs sind sie erfroren, verhungert oder sind erschossen worden. Männer, Frauen und Kinder jeden Alters waren darunter. Wenn wir die Toten anfassten, so blieben uns öfters Arme, Beine oder Köpfe in den Händen, da die Leichen gefroren waren.“[129].

Auch Stephane Hessels beschreibt seinen Eindruck bei der Ankunft eines Transportes:

> „Alles unterschied diese Menschen von uns, die wir, weiß Gott, zerlumpt und elend aussahen. Das aber waren durch ihren Verfall erblindete Phantome, die den Raum durchschritten, ohne eine Spur zu hinterlassen. Gespenster.“[130].

Die Massen an Leichen, die die Transporte aus Auschwitz und Groß-Rosen nach Dora brachten, konnten nicht mehr alle im Krematorium verbrannt werden, so dass riesige Stapel aus Holzscheiten und Leichen zu infernalischen Scheiterhaufen zusammen getragen wurden.[131] Das Lager Boelcke-Kaserne in Nordhausen, welches erst am 10.1.1945 gegründet worden war, wurde nach Ankunft von insgesamt fast 16.000 „Evakuierten“ zum zentralem Kranken- und Siechenlager des M-D-Komplexes.[132] Einen Ausbau der zwei leerstehenden Fahrzeughallen, in denen die Häftlinge untergebracht waren, gab es nicht. Die vorhandenen Latrinen konnten wegen Wassermangels nicht benutzt werden, die Menschen mussten auf dem blanken Betonfußboden schlafen und wurden sich selbst überlassen.[133] Entsprechend schrecklich fällt die Bilanz von 3.000 Toten in der dreimonatigen Zeit des Bestehens des Lagers aus.[134] Das gesamte Gelände der ehemaligen Luftwaffenkaserne umfasste verschiedene Lagertypen, neben dem KZ-Außenlager auch SS-Arbeitslager, Sonderlager, Zwangsarbeiterlager u.a., Anfang 1945 wurden 10.000 Menschen darin festgehalten.[135] Im März 1945 war der M-D-Komplex auf ein

---

129 Zitiert nach Wagner: Produktion des Todes. S. 268.

130 Hessel, Stephane: Tanz mit dem Jahrhundert. Erinnerungen. Zürich, Hamburg 1998. S. 115.

131 Vgl. Sellier, André: Zwangsarbeit im Raketentunnel. Geschichte des Lagers Dora. Lüneburg 2000. S. 333.

132 Benz, Wolfgang; Distel, Barbara: Das Ende der Konzentrationslager. IN: Dachauer Hefte. Studien und Dokumente zur Geschichte der nationalsozialistischen Konzentrationslager. 20. Jahrgang 2004, Heft 20 (Oktober 2004). S. 131.

133 Vgl. Wagner: Produktion des Todes. S. 482.

134 Vgl. Wagner: Produktion des Todes. S. 262.

135 Benz: Das Ende der Konzentrationslager. S. 127.

Gebiet mit einem Radius von 50 km um Nordhausen mit insgesamt 45.000 Häftlingen - in Dora selber erfolgte ein Anstieg der Häftlingszahlen von 14.000 auf 21.000 - angewachsen, in welchem die einzelnen Lager verstreut waren.

Aufgrund der immer chaotischer werdenden Zustände in den Lagern, immer neueren irrealen und völlig illusorischen Projektvorhaben der Nationalsozialisten, den alliierten Bombenangriffen überall im Reich ebenso wie im Gebiet um Nordhausen bzw. in Nordthüringen sowie den Versorgungsengpässen der Rohstoffe und der Zulieferbetriebe, brach die Produktion der A4 langsam zusammen. Am 27.3.1945 wurde die letzte A4-Rakete auf Antwerpen abgeschossen, einen Tag später die letzte Flugbombe Fi 103 eingesetzt.[136] Am 3./4.4.1945 wurde Nordhausen von den Alliierten, die spätestens seit 13.9.1944 durch sehr genaue Luftaufklärung und Vernehmung deutscher Kriegsgefangener detailliert über das KZ und die Raketenproduktion im Kohnstein Bescheid wussten[137], bombardiert und die Boelcke-Kaserne schwer getroffen. Da die darin KZ-Inhaftierten keine Schutzräume besaßen, gab es annähernd 1.300 Tote, während Hunderte Sterbende und Dahinsiechende von der sich absetzenden SS zurück gelassen wurden.[138]

In der letzten Phase des Krieges machten Gerüchte in M-D die Runde, wonach die Häftlinge in den Stollen vergast werden sollten. Es ist nicht belegt, ob die Lagerführung einen solchen Massenmord geplant hatte, einen direkten Befehl zur vollständigen Liquidierung des Lagers gab es nicht.[139] Angesichts des Massensterbens und der Zustände während der Lagergeschichte, ist das Entstehen solcher Gerüchte, welche per „arabischem Telefon" - also von Mund zu Mund - weitergegeben wurden, und die in sehr vielen Überlebensberichten erwähnt werden, verständlich.[140] Die bis zu diesem Zeitpunkt auch in anderen Konzentrationslagern praktizierte Methode der Beseitigung der Häftlinge als Last, als Mitwisser bzw. so genannte „Geheimnisträger" bei der geheimen Waffenproduktion oder einfach als Zeugen für die begangenen Untaten, lassen die Gerüchte über die vollständige Liquidierung des Lagers in keinem Fall völlig abstrus oder unwirklich erscheinen. Einige Aussagen von Tätern, die diese Gerüchte bestätigen, konstruieren hierüber ihr 'humanes Helfertum', da sie durch die Aufgabe des angeblichen Planes zur Liquidierung und durch die „Evakuierung" den Häftlingen zum Überleben verhol-

---

Seit Juni 1944 waren in der Boelcke-Kaserne u.a. 6.000 Zwangsarbeiter untergebracht, die im Kohnstein im Nordwerk arbeiten mussten.

136 Vgl. Wagner: Produktion des Todes. S. 277.

137 Vgl. Fiedermann: Mittelbau Dora. S. 67.; Le Maner, Yves; Sellier, André : Bilder aus Dora. Zwangsarbeit im Raketentunnel 1943-1945. Berlin, Bonn 2001. S. 73.

138 Vgl. Benz: Das Ende der Konzentrationslager. S. 136.; Wagner: Produktion des Todes. S. 279.

139 Vgl. Neander: „Hat in Europa kein annäherndes Beispiel". S. 163.

140 Vgl. Wagner: Produktion des Todes. S. 278.

fen hätten.[141] Inwieweit ein tatsächlicher Plan zur vollständigen Liquidierung des Lagers existierte, oder ob die Gerüchte nach der Lagerbefreiung lediglich als die erwähnte Hilfskonstruktion durch die Täter instrumentalisiert wurden, lässt sich bisher nicht belegen und wird möglicherweise überhaupt nicht mehr eindeutig geklärt werden können.

Am 3.4.1945 begann mit der anlaufenden „Evakuierung“ das letzte Kapitel des KZ Mittelbau. Zu Fuß oder zusammengepfercht in Güter- und Viehwaggons per Bahn, wurden die Häftlinge hauptsächlich in Richtung Norden nach Bergen-Belsen und Neuengamme sowie in die so genannte „Festung Nord“ und in Richtung Süden nach Dachau sowie in das propagandistisch bezeichnete Gebiet der „Alpenfestung“, verschleppt.[142] Da das Bewachungspersonal für die einzelnen Transporte nicht ausreichte, wurde ein Kapokommando, das trotz des privilegierten Status immer noch aus Häftlingen bestand, mit Schusswaffen bewaffnet und mit Zivilkleidung versehen.[143] Bereits während der Lagerzeit war dieses spezielle, aus „grünen“ Kapos gebildete „Kommando 110“ gegründet, mit Holzknüppeln ausgestattet und teilweise sogar ausgebildet worden.[144] Die oft tagelang dauernden „Evakuierungen“ und deren Begleitumstände waren ein letztes Höchstmaß an Grausamkeit und Gräuel, welche die SS[145] verübte, wie z.B. das zur traurigen Berühmtheit gekommene „Massaker von Gardelegen“[146]. Von den 40.000 Häftlingen in M-D, wurden 36.500 „evakuiert“ von denen jedoch 8.000 die Befreiung nicht mehr erleben konnten, weil sie entweder unterwegs ermordet wurden, oder an Erschöpfung und Unterversorgung zu Grunde gegangen waren bzw. am Bestimmungsort umkamen.[147] Nachdem die SS das Lager mit den „transportfähigen“ Häftlingen bis zum 7.4. verlassen hatte, besetzten Wehrmachtssoldaten das Lager und das Mittelwerk und teilten den zurückgebliebenen Häftlingen mit, dass sie den Einmarsch der amerikanischen Truppen abwarten sollten. Der Kohnsteinstollen hatte sich mit über 10.000 oft obdachlos gewordenen Menschen aus Nordhau-

141 Ebd.

142 Vgl. Wagner: Produktion des Todes. S. 281 f.

143 Vgl. Neander, Joachim: Die letzten von Dora im Gebiet Osterode. Zur Geschichte eines KZ-Evakuierungsmarsches im April 1945. Berlin, Bonn 1994. S. 6.

144 Vgl. Neander: „Hat in Europa kein annäherndes Beispiel“. S. 146 f.

145 Auch Wehrmachts- und Volkssturmeinheiten sowie andere Gruppierungen, die zur Bewachung der Häftlinge bestimmt waren, haben sich an manchen Untaten und Verbrechen im Zuge der „Evakuierung“ beteiligt.

146 Die SS trieb die Häftlinge eines „Evakuierungstransportes“ in eine Feldscheune des Rittergutes Isenschnibbe bei Gardelegen, die sie anschließend anzündete. Herausrennende Menschen wurden mit Maschinengewehren erschossen, während die anderen Häftlinge qualvoll verbrannten. Lediglich knapp ein Dutzend überlebten diese grausame Tat, bei der über 1.000 Menschen ermordet worden waren.

147 Vgl. Wagner: Produktion des Todes. S. 283.
Die Zustände z.B. in Bergen-Belsen sind bekannt, wo auch nach der Befreiung und sofortiger Hilfe durch die Alliierten noch über 10.000 Menschen an den Folgen der KZ-Haft starben.

sen und Umgebung gefüllt, die vor den Bombenangriffen der Alliierten Schutz suchten. Am 11.4. rückten amerikanische Verbände der 3. US Panzerdivision in Nordhausen ein und entdeckten in den Trümmern der am Stadtrand gelegenen Boelcke-Kaserne der Luftwaffe fast 2.000 Leichen und Hunderte dazwischen liegender Sterbender.[148] David Malachowsky, ein amerikanischer Soldat beschrieb den Anblick wie folgt:

> „Das erste, was wir hinter dem Stacheldrahtzaun sahen, den wir überschritten, waren Holzstapel. Als wir näher herantraten, sahen wir, dass es Menschen waren, Körper, total ausgezehrt, viele von ihnen nackt, ohne Kleidung. [...] Diejenigen, die nackt waren, waren nur noch Knochen...Augen, alle, die uns anblickten, hatten große, weite Augen, die aus den Höhlen hervortraten. Ich kann das nicht beschreiben. Was mich absolut entsetzte, waren die Körper, die unter den Stapeln lagen, und da gab es dann eine Bewegung. Unter drei anderen Körpern liegend bewegte sich ein Arm, und plötzlich kam dir zu Bewußtsein, dass es ja noch Menschen gab, die zwischen den Leichen liegend noch am Leben waren.“[149].

Auch ein zweiter Bericht eines amerikanischen Soldaten schildert die wegen ihrer unmenschlichen Grausamkeit nicht fassbare Situation:

> „Überall zwischen den Toten waren Lebende; ausgemergelte, zerlumpte Gestalten, deren fiebrig glänzende Augen widerstandslos auf ihre Erlösung durch den Tod warteten. Über dem gesamten Gelände lag der schreckliche Geruch der Verwesung. Und wie ein Klagelied der Hoffnungslosigkeit wurden die vereinten Schreie dieser Unglücklichen abwechselnd lauter und leiser. Es war ein Gemisch aus Stöhnen, Wimmern, des Deliriums und des völligen Wahnsinns. Hier und dort wankte eine einzelne Gestalt, sie ging langsam, wie im Traum.“[150].

Aufgrund der Tatsache, dass von den 11.000 Häftlingen, die insgesamt während der ganzen Lagerzeit in der Boelcke-Kaserne gewesen waren, mindestens die Hälfte verstorben war, wurde sie von vielen „das lebende Krematorium“ genannt.[151] Am selben Tag wie die Boelcke-Kaserne, betraten die Amerikaner Dora, wo sie im Krankenrevier noch ca. 600-700 Schwerkranke vorfanden und befreiten, die von der SS sich selbst überlassen worden waren.[152]

Nachkriegszeit

Nach Kriegsende wurde Dora eines der Displaced Person Camps (DP Camp), in welchem sich die von den Deutschen verschleppten überall aus Europa stammen-

148 Vgl. Wagner: Produktion des Todes. S. 11, S. 285.
149 Zitiert nach Orth: Das System der nationalsozialistischen Konzentrationslager. S. 309.
150 Zitiert nach Neander: „Hat in Europa kein annäherndes Beispiel“. S. 155.
151 Vgl. Benz: Das Ende der Konzentrationslager. S. 137.
152 Vgl. Bornemann: Geheimprojekt Mittelbau. S. 150.

den Menschen sammelten und auf ihre Repatriierung warteten sobald sie sich gesundheitlich wieder in einem mehr oder weniger 'normalen' bzw. reisefähigen Zustand befanden. Da Thüringen nach alliierter Vereinbarung in Jalta, ab Anfang Juli 1945 zur sowjetischen Besatzungszone gehören sollte, beeilten sich die Amerikaner sämtliche auffindbaren Dokumente und technisches Gerät über die Raketen- und Geheimwaffenforschung zusammen zu tragen und in die USA zu überführen. Als die Rote Armee im Juli in Thüringen einmarschierte, fand sie im M-D-Komplex trotzdem noch zahlreiche Fabrikationsanlagen für die A4, die demontiert und nach Russland gebracht wurden.

Vom 7.8. bis 30.12.1947 fand der Dachauer Dora-Prozess statt, bei dem jedoch nur 19 Täter angeklagt, und davon 14 zu Haftstrafen verurteilt wurden und an dem im Gegensatz zum Buchenwald-Prozess kaum öffentliches Interesse bestand. 1948 versuchte die sowjetische Besatzungsmacht, die Stollen im Kohnstein als Ganzes zu sprengen, dies gelang jedoch nicht, so dass man lediglich die Eingänge mit einer zweiten Sprengung zum Einstürzen brachte, wobei dennoch ein Teil der Stollen in der DDR laut Wippermann als Lager für Bananen genutzt wurde.[153] Ab 1966 wurde in Dora die Mahn- und Gedenkstätte Mittelbau-Dora eingerichtet, diente jedoch ähnlich wie Buchenwald viel mehr der Legitimation des DDR-Staates durch die Mystifizierung des antifaschistischen Widerstandskampfes denn als Zentrum historischer Aufarbeitung und Aufklärung. Vom 17.11.1967 bis 8.5.1970 fand der einzige noch in der Öffentlichkeit wahrgenommene Prozess gegen Täter aus M-D statt. Der Essener Dora-Prozess wurde gegen drei Angehörige der SS geführt, von denen zwei zu Haftstrafen verurteilt wurden und einer wegen schlechtem gesundheitlichen Zustand aus dem Prozess ausschied. Im Jahr 1990 gründete sich das europäisches Komitee der Überlebenden: „Comité européen de Dora, Ellrich, Harzungen et Kommandos >Pour la mémoire<", welches nicht mehr nur die vorher existierenden nationalen Überlebendenverbände umfasste, sondern sämtliche ehemals in M-D gefangen gehaltenen Menschen.[154]

Seit dem 50. Jahrestag der Befreiung am 11.4.1995 ist die KZ-Gedenkstätte Mittelbau-Dora geöffnet und der Stollen mit den Überresten des Mittelwerkes in Führungen begehbar.[155] Die Ausstellung, welche derzeit aktualisiert und überarbeitet wird, soll als Leitmotiv die Lager- und Arbeitsbedingungen aus Sicht der Häftlinge darstellen. Neben der historischen Aufarbeitung hat sich die Gedenkstätte zum Ziel gesetzt, ein Ort europäischer Begegnung und Verständigung zu werden, um so über den ursprünglichen Charakter einer Gedenkstätte - Mahnen und Gedenken - hinauszugehen.

153 Vgl. Wippermann: Konzentrationslager S. 147.; Wagner: Produktion des Todes. S. 287.

154 Vgl. Sellier: Zwangsarbeit im Raketentunnel. S. 546.

155 Vgl. Wagner, Jens-Christian: Das KZ Mittelbau-Dora. Katalog zur historischen Ausstellung in der KZ-Gedenkstätte Mittelbau-Dora. Göttingen 2001. S. 8.

M-D wurde aus wirtschaftlich-militärpolitischen Gründen heraus gegründet und stand damit im Gegensatz zu den großen Lagergründungen von 1936-1939, welche aus politisch-ideologischen und rassebiologischen Gründen der Gegnerbekämpfung gebaut wurden.[156] Die Chancen für ein Überleben der KZ-Haft waren in Mittelbau-Dora denkbar ungünstig. Nicht nur wegen der in vielen Fällen zum Tod führenden Arbeit und den Arbeitsbedingungen in M-D, sondern auch aufgrund der Tatsache, dass die Häftlinge „Geheimnisträger" waren, da sie bei den geheimen Rüstungs- und Untertageverlagerungsprogrammen der Nationalsozialisten und der Rüstungsindustrie arbeiteten, so dass für ein Freigelassen-werden bzw. Freikommen nach Fertigstellung der Projekte keine Chance bestand.[157] Insgesamt haben von den ca. 60.000 Menschen, die in den M-D-Lagern zur Arbeit gezwungen wurden, über 20.000 ihr Leben verloren.[158] Trotz dieser erschreckenden Zahl, blieb Mittelbau-Dora der Bevölkerung lange Zeit lediglich als „V-Waffenproduktionsstätte" im Bewusstsein. Erst durch die Neukonzeptionierung der Gedenkstätte Mittelbau-Dora und die seit der deutschen Wiedervereinigung betriebene Aufklärungsarbeit, brechen diese alten, einseitigen, fragmentarischen Vorstellungen auf und beleuchten die eigentlichen Umstände der Lager, den Alltag und die Leiden der Opfer. Jens-Christian Wagner beschreibt diesen wichtigen Aspekt treffend:

> „Das KZ Mittelbau war also kein Rüstungs-KZ [...] Das Hauptprodukt der Mittelbau-Lager waren nicht die noch heute mystifizierten V-Waffen, sondern vor allem eines: der Tod."[159].

Von den 16.000 Häftlingen die im Mittelwerk arbeiten mussten, waren nur 2.000 in der eigentlichen Raketenproduktion als Facharbeiter beschäftigt.[160] M-D war also viel mehr ein „Bau-KZ", als ein „Fertigungs-KZ" bzw. Rüstungs-KZ" wie es manchmal fälschlicherweise dargestellt wird.[161] Ingesamt wurden etwa 3.000 A4 vor allem auf London und Antwerpen, aber auch auf andere Städte in England, Frankreich, Niederlange und Belgien abgeschossen, bei denen es ca. 5.000 zivile

156 Vgl. Rothfels: Studien zur Geschichte der Konzentrationslager S. 154.

157 Vgl. Dieckmann: Die nationalsozialistischen Konzentrationslager. S. 718.

158 Vgl. Wagner: Produktion des Todes. S. 287.
Aufgrund der Schwierigkeit des Nachweises, vor allem wegen der „Auslagerung der Toten", sowie den chaotischen Zuständen bei den „Evakuierungstransporten" nach, aber auch von M-D, schwanken teilweise die Zahlenangaben der Toten enorm, z.B. schätzt Neander (S.173) eine Anzahl von 27.000.

159 Wagner: Produktion des Todes. S. 288.

160 Vgl. Dieckmann: Die nationalsozialistischen Konzentrationslager. S. 650.

161 Vgl. Wagner: Produktion des Todes. S. 13.

Opfer gab.[162] Betrachtet man auf der anderen Seite die Leiden der Häftlinge in M-D und die Zahl der Toten bei der Raketenproduktion - ohne die Toten in irgendeiner Weise aufzurechnen - und allgemein die völlig unerheblichen Auswirkungen des A4-Einsatzes auf den Kriegsverlauf, muss man die absolute militärische Bedeutungslosigkeit des Raketeneinsatzes sowie die Sinnlosigkeit des gesamten Raketenbauprogramms konstatieren. Damit ist der „V2-Mythos", der in rechten und nationalen Kreisen sowie bei pseudowissenschaftlichen Waffen- und Technikanhängern auch heute noch teilweise bestand hat, entmystifiziert.

Wegen der hohen Todesrate durch die unerträglichen Lebens- und Arbeitsbedingungen erschien vielen Häftlingen M-D als ein Vernichtungslager, in welchem nicht mit Gas, sondern durch „Vernichtung durch Arbeit" gemordet wurde. Mittelbau-Dora ist das erschreckend repräsentativste Beispiel für die programmatische Bezeichnung „Vernichtung durch Arbeit", die in der historischen Wissenschaft heute zwar als sachlich ungenau abgelehnt wird, jedoch die Zu- und Umstände exakt umschreibt und aus diesem Grund treffende Beschreibung ist. Die Situation in M-D entsprach Karin Orths Deutung der bewusst herbeigeführten Tötung durch systematische Unterversorgung.[163] Im Dachauer Dora-Prozess bestätigte selbst der zur Täterschaft gehörende ehemalige SS-Lagerarzt von Dora, Karl Kahr, diesen Blickpunkt:

> „Der Zweck des Lagers Dora war an erster Stelle die Arbeit in der Rüstungsindustrie; wenn ich mir aber überlege, wie die Häftlinge behandelt wurden und wie man sie sterben ließ, dann muss ich feststellen, dass man systematisch versuchte, die Häftlinge zu vernichten."[164].

Auch Heß und Seidel kommen abschließend zu dem Urteil, das in M-D „[....] den Verhältnissen eine systematische Politik der „Vernichtung durch Arbeit" zugrunde gelegen haben [dürfte]"[165]. Der Terminus „Vernichtung durch Arbeit" suggeriert ein bewusstes Programm zur Massenvernichtung, welches es zwar so für M-D nicht gab, aber abgesehen von den Facharbeitern, die jedoch nur 10% aller Häftlinge ausmachten, bestand kein erkennbares Interesse an einem Überleben der Häftlinge. Angesichts dieser Ambivalenz, in welcher der Tod zwar nicht in erster Instanz angestrebt, aber bewusst mit einkalkuliert wurde - Wagner spricht von der „Praxis des kalkulierten Verschleißes der Häftlingsarbeitskraft"[166] - kann bzw. muss man in Bezug auf die Verhältnisse in M-D von „Vernichtung durch Arbeit" sprechen.

---

162 Vgl. Henneberg: „Niedergefahren zur Hölle – Aufgefahren zum Himmel". S. 82.

163 Orth: Das System der nationalsozialistischen Konzentrationslager. S. 262.

164 Zitiert nach Dieckmann: Die nationalsozialistischen Konzentrationslager. S. 719.

165 Heß: Vernichtung durch Fortschritt am Beispiel der Raketenproduktion im Konzentrationslager Mittelbau. S. 52.

166 Wagner: Produktion des Todes. S. 500.

2. Erinnerungsliteratur

Viele der Überlebenden hatten in der Nachkriegszeit das Bedürfnis, auf die eine oder andere Weise über das Geschehene, Zeugnis abzulegen. Robert Antelme, ein Überlebender der KZ Buchenwald und Dachau, beschreibt dieses Gefühl bereits 1947:

> „Vor zwei Jahren, als wir gerade zurückgekehrt waren, haben wir in den ersten Tagen[...] alle unter Druck eines regelrechten Fieberwahns gestanden. Wir wollten sprechen, endlich angehört werden [...] Wir brachten unsere Erinnerung mit, unsere noch ganz lebendige Erfahrung und wir verspürten ein irrsinniges Verlangen, sie so auszusprechen, wie sie war."[167].

Auch André Sellier, ein Überlebender von M-D, der sich nach dem Krieg, ähnlich wie Eugen Kogon oder Walter Bartel der historischen Aufarbeitung verschrieben hatte, sah sich in der Verpflichtung Zeugnis abzulegen:

> „Da es mir möglich war, dieses Buch zu schreiben [durch das Überleben - A.d.Vfs.], fühlte ich mich verpflichtet, es zu tun - einfach zum Gedenken an all jene, die nicht zurückgekehrt sind."[168] .

Die Überlebenden merkten jedoch schnell, dass den Beschreibungen ihrer Erlebnisse unmittelbar nach dem Krieg wenig bis kaum Gehör geschenkt wurde. Dies lag zum einen daran, dass fast jeder in irgendeiner Form vom Krieg betroffene Mensch nach Kriegsende mit sich selbst und seinem eigenen Schicksal beschäftigt war, zum anderen weil die Erlebnisse oft so schrecklich waren, dass sich die Zuhörer mit Ekel und Entsetzen in Ungläubigkeit abwendeten:

> „Von den ersten Tagen an erschien es uns unmöglich, jene Kluft zu überbrücken, die wir zwischen der Sprache, die uns zur Verfügung stand, und dieser Erfahrung feststellten, die in unserem Körper immer noch anhielt...Wir hatten kaum begonnen, die Geschichte zu erzählen, und schon brachten wir kein Wort mehr heraus. Was wir zu sagen hatten, schien unvorstellbar zu sein, sogar für uns selbst."[169]

Neben dem Wunsch des Bezeugens der Verbrechen, die in den KZ verübt wurden, hatten viele Überlebenden das Gefühl, sich für ihr Überleben erklären und rechtfertigen zu müssen, denn „[...] angesichts der geplanten und bürokratisch durchgeführten Massenvernichtung [erschien] jedes individuelle Überleben erklärungsbe-

167 Zitiert nach Dieckmann: Die nationalsozialistischen Konzentrationslager. S. 11.
168 Sellier: Zwangsarbeit im Raketentunnel. S. 15.
169 Robert Antelme zitiert nach Klose: Das Ende der Sprachlosigkeit? S.247.

dürftig“[170]. Zu jeder Literatur gehört neben dem Verfasser auch ein Leser, dem in dieser speziellen Literaturgattung eine besondere Stellung zukommt. Denn angesichts der unvorstellbaren Taten und Zustände in den Lagern und der damit verbundenen Schwierigkeit, wenn nicht gar Unmöglichkeit, die Geschehnisse realitätsnah wiederzugeben, besitzt der einer Beschreibung folgende Zuhörer bzw. Leser große Macht. Dieser kann bestimmen, wie er die Schilderung aufnimmt, interpretiert und verarbeitet sowie wie bedeutsam sie ist. Somit steht der Berichtende in einer gewissen Abhängigkeit zur Leserschaft und Hörerschaft. Im Folgenden soll nun untersucht und dargestellt werden, unter welchen Voraussetzungen und mit welchem Ziel die Berichte verfasst wurden, welchen Bedingungen und Einschränkungen sie unterliegen und damit zusammenhängend inwieweit die Berichte der Überlebenden als wissenschaftliche Quelle genutzt werden können und auswertbar sind.

2.1 Voraussetzungen für das Verfassen eines Berichtes

2.1.1 Körperliche, soziale und materielle Bedingungen

Die wichtigste Voraussetzung für das Bezeugen und Verfassen eines Berichtes ist selbstverständlich das Überleben an sich. Darüber hinaus sind bei schriftlichen Berichten verschiedene Faktoren zu berücksichtigen: die schriftliche Kompetenz und Motivation des jeweiligen Schreibers muss ausreichend sein, genügend Zeit zum Abfassen einer Niederschrift muss vorhanden sein, das Bewusstsein ein „erinnerungswürdiges Schicksal“[171] erlitten zu haben muss im Überlebenden existieren und die notwendigen finanziellen Möglichkeiten für eine Veröffentlichung oder Beziehungen und Nähe zu einem Verlag oder Finanzier für den Druck müssen gegeben sein.[172] Aufgrund dieser Bedingungen waren die Verfasser der Überlebensberichte in großem Maße akademisch gebildete, politisch engagierte oder schriftlich sehr versierte Menschen. Somit ist die Gesamtheit aller Berichte an sich nicht repräsentativ für alle sozialen Milieus der Häftlingsgruppen. „Die Wahrnehmung der überwiegenden Mehrheit der Häftlinge“[173] ist und wird also undokumentiert bleiben. Auch weil diejenigen, die am untersten Ende der durch die SS nach ideologischen und rassebiologischen Aspekten eingeteilten hierarchischen Häftlingsgesellschaft standen, unter dem größten Vernichtungsdruck leben

---

170 Jureit, Ulrike: Erinnerungsmuster. Zur Methodik lebensgeschichtlicher Interviews mit Überlebenden der Konzentrations- und Vernichtungslager. Hamburg 1999. S. 125.
171 Orth: Das System der nationalsozialistischen Konzentrationslager. S. 19.
172 Vgl. Ebd.
173 Ebd.

mussten und somit die geringsten Chancen zum Überleben besaßen.[174] Im Gegensatz dazu sind die Erinnerungsberichte der stark solidarisch verbundenen und gut organisierten sozialen Gruppen wie z.B. der deutschen politischen Gefangenen in Buchenwald, überproportional vertreten, auch deshalb, weil sie in den Berichten neben dem Bezeugen der Vorkommnisse, gleichzeitig einen politischen-pädagogischen Zweck in Form von Legitimation des eigenen Handeln einerseits, und Begründung ihrer politischen Anschauung als gute und richtige andererseits, erzeugen wollten.[175]

2.1.2 Psychische Bedingungen

Im Gegensatz zu der eben beschriebenen Gruppe von Überlebenden, die aufgrund eines bestimmten Zweckes ihre Erinnerungen und Erlebnisse beschrieben, gab es auch solche Überlebende, die aus verschiedenen Gründen schwiegen oder schweigen mussten und bei denen das damit verbundene Verdrängen schwere psychische Belastungen bis Störungen auslöste:

> „In der Nachkriegszeit hatten die Überlebenden der KZ es nicht leicht. Um vor der Nachwelt Zeugnis von den erlittenen Grausamkeiten abzulegen, fanden sie bei niemand Gehör, nicht bei den Eltern, Verwandten oder Bekannten. Sie hatten nicht das Bedürfnis dazu, sich unsere Erlebnisse anzuhören, besonders an dem Punkt nicht, an dem es ihre Vorstellungskraft überstieg. Um die noch nicht vernarbten Wunden nicht wieder aufzureißen, haben die Überlebenden geschwiegen. Wir versuchten zu vergessen und stürzten uns auf die Arbeit, damit keine Zeit mehr bleibt, an die fürchterliche Nacht zu denken. Aber die im Unterbewusstsein gespeicherten Erinnerungen lassen sich nicht verdrängen. Das führt zu psychischen Spannungen: Am KZ werden die Menschen krank. Man kann es uns fragen [...]“[176].

Sehr viele Überlebende berichten von Alpträumen, Angstzuständen und Schuldgefühlen. Diese Äußerungen machten es ihnen extrem schwierig, sich wieder im normalen bürgerlichen Leben zurecht zu finden und zu integrieren.[177] Durch das erlebte Trauma erfuhr das Ich eine massive oft irreversible Schädigung, welche die Integrierung der Gefühle und Emotionen, die das Trauma auslösten, verhindert

---

174 Von Juden und sowjetischen Gefangenen gibt es aus diesem Grund prozentual weniger Überlebensberichte. Da das Schrifttum als Vergangenheitsbericht bei den Zigeuner keinen sehr großen Stellenwert hatte, und sie daher eher geringe Schriftlichkeit im allgemeinen und noch weniger literarische Formulierungsfähigkeiten im speziellen besaßen, sie aber ebenso großem Verfolgungsdruck wie die Juden ausgesetzt waren, gibt es von dieser sozialen Gruppe noch weniger schriftliche Berichte.

175 Vgl. Dieckmann: Die nationalsozialistischen Konzentrationslager. S. 21., Sedlaczek: „... das Lager läuft dir hinterher“. S. 15.

176 Zitat von Godfried Elzenga nach Wagner: Das KZ Mittelbau-Dora. S.84.

177 Vgl. Wagner: Das KZ Mittelbau-Dora. S.53.

und damit eine abschließende Verarbeitung unmöglich macht. Ein Schweigen über die Ereignisse verdrängte die Leiden nur, verarbeitete sie aber keineswegs.[178]

Die Überlebenden standen häufig auf den 'Trümmern ihres eigenen Selbst', das Schreiben über das Erlebte übernahm somit eine Art Wiederherstellungsfunktion der Persönlichkeit und wurde für sie zu einem wichtigen Sinngeber. Das Mitteilbarmachen der Erlebnisse an sich stellt hierbei bereits den Anfang einer Verarbeitung dar, da jedem Schreiben eine distanzierte Reflexion vorausgegangen sein muss. Zusätzlich zu den horrorhaften Erfahrungen, die die Überlebenden gemacht hatten, kamen bei vielen Schuldgefühle gegenüber denjenigen, welche die Lager nicht überlebt hatten, hinzu und stellten eine schwere psychische Belastung dar.[179] Die Überlebenden empfanden eine tiefe Scham, weil sie ihrem eigenen Überlebenswunsch gefolgt waren. Als Folge dieser Scham, konnte das eigene Überleben nicht mehr ohne den Tod des Anderen gedacht werden. Der narzisstische Triumph des eigenen Überlebens konnte nicht ausgelebt werden, da so viele Freunde und Fremde den Tod gefunden hatten. Das Über-Ich verurteilte den Triumph und die im Lager vorherrschende Strategie des „[...] zuallererst an sich selbst und das eigene Überleben Denkens“[180]. Das Begreifen, warum gerade sie diesen Wahnsinn überlebt hatten, entzog sich dem Verständnis und der Denkweise der Überlebenden und machte für sie nicht selten auch das Weiterleben zum Leiden. Eine Umgestaltung der Vergangenheit bzw. der Erinnerung[181] an die Ermordeten und an die Lagerhaft wurde durchgeführt, um der völligen Sinnlosigkeit der nationalsozialistischen Verfolgung und des Terrors entgegenzuwirken, indem man den Erfahrungen und Erlebnissen aus dieser Zeit einen Sinn zuschrieb.[182]

In der psychologischen und psychiatrischen Forschung war man sich lange Zeit der schwerwiegenden Folgen der KZ-Haft nicht bewusst. Gerade die deutschen Wissenschaftler, die ganz nach konservativer Tradition die Auffassung vertraten, traumatische Ereignisse verlieren ihre belastende Wirkung mit zunehmendem Zeitabstand, kümmerten sich kaum um die psychischen Auswirkungen der KZ-Überlebenden. Erst viel später rückte die Belastung der traumatischen Ereignisse in den Blickpunkt der Forschung. Vor allem die Übertragung der Folgen und Äu-

---

178 Vgl. Friedmann, Alexander; Glück, Elvira; Vyssoki, David (Hg.): Überleben der Shoa – und danach. Wien 1999. S. 93 f.; Ludewig-Kedmi, Revital; Spiegel, Miriam V.; Tyrangiel, Silvie (Hg.): Das Trauma des Holocaust zwischen Psychologie und Geschichte. Zürich 2002. S. 83.

179 Vgl. Fritz: Tatort KZ. S. 164, Wagner: Produktion des Todes S. 32.

180 Vgl. Olbricht, Erhard; Wiesse, Jörg (Hg.): Ein Ast bei Nacht kein Ast. Seelische Folgen der Menschenvernichtung für Kinder und Kindeskinder. Göttingen 1994. S. 23.

181 Siehe hierzu das anschließende Kapitel 2.2.

182 Vgl. Cartellieri, Diether: Erinnerungsveränderungen und Zeitabstand – Ein Beitrag zum Problem der Erinnerungsleistungen in Abhängigkeit vom Behaltensintervall. IN: Masche, Erich: Die deutschen Kriegsgefangenen des Zweiten Weltkriegs. Eine Zusammenfassung. München 1974. S. 121.

ßerungen der traumatischen Erfahrung an die Kinder von Überlebenden, also das generationsübergreifende Trauma, wurde verstärkt untersucht. In den letzten zehn Jahren wurde dieser Forschungsschwerpunkt auf die Kinder der Kinder der Überlebenden erweitert, denn auch bei ihnen ließen sich starke psychische Folgeerscheinungen nachweisen, die ihren Ursprung in dem unverarbeiteten Trauma der KZ-Haft hatten.[183] Allgemein konnte bei nahezu allen psychiatrisch untersuchten Überlebenden ein mehr oder weniger stark ausgeprägtes „Konzentrationslager-Syndrom" bzw. „Überlebenden-Syndrom" nachgewiesen werden.[184] Dies bedeutete, dass die meisten an sehr ähnlichen psychischen Belastungen und depressiven Erschöpfungszuständen sowie daraus resultierenden posttraumatischen Stresssymptomen litten.[185] Der wissenschaftlich-psychiatrische Terminus der Posttraumatischen Belastungsstörung (PTSD)[186] wurde auf die Symptome der KZ-Überlebenden übertragen und diente als allgemeine Ursachenbeschreibung der verschiedenen Leiden und Belastungen nach der überstandenen Lagerhaft. Nur ein sehr kleiner Teil der Überlebenden überlebte die Konzentrationslagerzeit ohne nachhaltige psychische Schädigungen, da sie entweder über äußerst starke psychische Konstitution und Abwehrmechanismen verfügten, oder aber durch das Schreiben über ihre Erlebnisse in der Lage waren, das erlittene Trauma psychisch soweit zu verarbeiten, dass die Belastungsstörungen nicht regelmäßig und offenkundig auftraten oder zumindest keinen maßgeblichen Einfluss auf die Lebensgestaltung nahmen.

---

183 Ausführliche Informationen und Forschungsergebnisse zum Thema des generationsübergreifenden Konzentrationslager-Traumas finden sich bei Bernd Klose, Liliane Opher-Cohn, Johannes Pfäfflin, Peter Pogany-Wnendt, Bernd Sonntag u.a.

184 Niederland führte 1967 den Begriff des „Überlebenden-Syndroms" in die Wissenschaft ein. Das Vorhandensein des „KZ-Syndrom" kann auch für die nicht untersuchten Überlebenden als allgemeines Prinzip angenommen werden. Da verschiedene unabhängige Studien mit allen unterschiedlichen Häftlingsgruppen zum selben Ergebnis kommen.
Manche Psychologen, z.B. Quindeau, sehen den Begriff „KZ-Syndrom" kritisch, da sie bestimmte Symptome und Folgen darin zuviel, zuwenig oder gar nicht erwähnt und beschrieben sehen. Die Kritik ist an vielen Stellen nicht unberechtigt, jedoch musste man ähnlich wie bei der „Vernichtung durch Arbeit" einen Begriff finden, der die Problematik allgemein treffend beschreibt, was mit „KZ-Syndrom" gelang.

185 Vgl. Klose, Bernd; Opher-Cohn, Liliane; Pfäfflin, Johannes; Pogany-Wnendt, Peter; Sonntag, Bernd (Hg.): Das Ende der Sprachlosigkeit? Auswirkungen traumatischer Holocaust-Erfahrungen über mehrere Generationen. Gießen 2000. S. 105.; Matussek, Paul: Die Konzentrationslagerhaft und ihre Folgen. Berlin, Heidelberg 1971. S. 49.

186 PTSD ist die Abkürzung des aus dem englischen stammenden 1980 etablierten medizinisch-psychiatrischen Fachterminus „post traumatic stress disorder" und stammte aus den Erfahrungen der Psychiater mit den amerikanischen Veteranen des Vietnamkrieges. Der Terminus, welcher ein Problem beschreibt, das über 20 Jahre nach der Befreiung des letzten Konzentrationslagers auftrat, wurde rückwirkend auf die Probleme der Überlebenden übertragen. Verständlicherweise wird diese Einteilung in der Wissenschaft noch heute kontrovers gesehen und diskutiert.

Allgemein konnte man nachweisen, dass das offene Sprechen über die Vergangenheit das eigene Verarbeiten dahingehend fördert, dass es weniger zu emotionalen Konflikten, zu Angstattacken und zu schmerzlich empfundenen Erinnerungsbruchstücken kam, und Überlebende somit eine wesentlich „aktivere Kontrolle über ihr Dasein“[187] hatten, als diejenigen, die schwiegen. Wer schwieg oder nicht sprechen konnte, lebte in zwei verschiedenen Welten: der normalen realen Welt und der Welt des Traumas. Bei durch fremder Gewalt ausgelösten Traumata lassen sich oft Identifikation mit dem Angreifer beobachten, die in direktem Zusammenhang mit der Projektion der Schuldgefühle auf sich selbst steht und die im Begriff „Überlebenden-Schuld“ beschrieben wird.[188] Diese „Überlebenden-Schuld“, die in den Berichten vielfach auftaucht, ist eine Abwehrreaktion des Ichs, welche durch eine

> „[...] Identifikation mit dem Aggressor sich selbst dadurch zu retten versucht, dass es die lebensnotwendige Beziehung [zum Objekt - A.d.Vfs.] zu erhalten sucht, indem es sich selbst Ursache der Gewalt und des Bösen sieht und sich die Schuld dafür zuschreibt“[189].

Damit entsteht eine mit Objektbeziehung verbundene totale Abhängigkeit, die den Täter als alleinige Quelle der narzisstischen Zufuhr erscheinen lassen. Die Introjektion der Gewalt führt zu einem inneren feindlichen Über-Ich, welches Schuldgefühle im Sinne des Täters hervorruft.[190] Bei Klose wird dieser Umstand, der bei Extremtraumata zu beobachten ist, als eine „[...] überwältigende, das Ich auszulöschen drohende Realität“ dargestellt.[191] Für den neutralen Beobachter erscheinen die Schuldgefühle: die Toten nicht gerettet zu haben oder die Familie ‘allein gelassen’ zu haben, paradox, da angesichts der damaligen Zustände keinerlei Chance bestand, umfassenden Einfluss darauf zu nehmen. Der Konflikt zwischen ‘selber leben wollen’ und einer etwaigen oder tatsächlich unterlassenen Hilfeleistung ist eine traumatische Erfahrung. Es kommt zur Kränkung des Ich, da man den eigenen moralischen Wertvorstellungen nicht gerecht geworden ist.[192]

Die Schuldgefühle müssen jedoch nicht ausschließlich negativ bewertet werden, sondern können auch konstruktive Elemente besitzen:

> „Unrealistische Schuldgefühle [...] können auch etwas Positives beinhalten. Gegen die vernichtende Erkenntnis des völligen Fehlens von Gerechtigkeit und moralischer Ordnung sowie gegen das Gefühl äußerster Hilflosigkeit können Schuldgefühle eine Beja-

187 Vgl. Klose: Das Ende der Sprachlosigkeit? S. 108.
188 Vgl. Klose: Das Ende der Sprachlosigkeit? S. 123.
189 Klose: Das Ende der Sprachlosigkeit? S. 141.
190 Vgl. Klose: Das Ende der Sprachlosigkeit?. S. 141f.
191 Klose: Das Ende der Sprachlosigkeit? S. 141.
192 Vgl. Olbricht: Ein Ast bei Nacht kein Ast. S. 24.

hung der Fähigkeit des Menschen bedeuten, Einfluss auf sein eigenes Leben und auf den Lauf der Ereignisse auszuüben."[193]

Die Schuldgefühlentwicklung kann also demnach auch den Versuch darstellen, das Unbegreifliche und Unbegründbare in einen Zusammenhang zu stellen, der begreiflich ist, denn nur wenn jemand Schuld hat, wäre er auch in der Lage gewesen, die Schuld hervorrufende Tat nicht zu begehen oder zumindest die Schuld zu vermindern. Mit dem Schuldgefühl geht somit ein Versuch einer Selbstbehauptung einher: „Die Zähigkeit der Überlebensschuld scheint zu besagen: Eines kann mir niemand nehmen – meine Schuldgefühle gegenüber jenen, die vernichtet wurden."[194] Dadurch schafft sich der sich selbst beschuldigende Überlebende gleichzeitig eine Möglichkeit, sich wieder als moralisches Wesen, im Gegensatz zu seinen Peinigern im KZ, wahrzunehmen: „Man bestraft sich dafür, dass man froh ist, am Leben geblieben zu sein und erlebt sich gerade durch die Selbstbestrafung wieder moralisch."[195] Außerdem stellt die Selbstzuweisung der Schuld eine unbewusste Methode dar, die eigene Identität, Individualität und Subjektivität wieder zu erlangen, denn nur ein Individuum kann Schuld empfinden.[196]

Weitere Symptome des unbewältigten Traumas, unter denen die KZ-Opfer zu leiden hatten bzw. haben, sind: gestörte Objektbeziehungen, mangelnde Selbstachtung, narzisstische Verletzbarkeit, negative Identitätsbildung, Angst- und Alpträume, Persönlichkeitseinschränkungen und große Affektschädigungen.[197] Die unausgelebten aggressiven Gefühle gegen die Täter und die damit unterbundene Abfuhr der Affektenergie beeinflussten ebenso in erheblichem Maße negativ den psychischen Apparat der Überlebenden.[198] Diese sich im Traum manifestierenden Kennzeichen stören und belasten in erheblichen Maße das Leben der Überlebenden. Durch das ständige Aufdrängen des Traumas im Traum wurden viele weitere belastende Symptome bzw. Folgeerscheinungen ausgelöst z.B.:

1. Die Fähigkeit positive Gefühle zu empfinden kann erheblich beeinträchtigt sein.
2. Verlust der Empathiefähigkeit für andere Mitmenschen.
3. Übermäßige Schreckhaftigkeit und erhöhte Reizbarkeit in Situationen des alltäglichen Lebens treten auf, z.B. beim Erblicken von Uniformen oder Hören der deutschen Sprache.

---

193 Klose: Das Ende der Sprachlosigkeit? S. 145.

194 Klose: Das Ende der Sprachlosigkeit? S.145.

195 Ludewig-Kedmi: Das Trauma des Holocaust zwischen Psychologie und Geschichte. S. 137.

196 Vgl. Quindeau, Ilka: Trauma und Geschichte. Interpretationen autobiographischer Erzählungen von Überlebenden des Holocaust. Frankfurt am Main 1995. S. 265.

197 Vgl. Klose: Das Ende der Sprachlosigkeit? S. 159.

198 Vgl. Klein, Hillel: Überleben und Versuche der Wiederbelebung. Psychoanalytische Studien mit Überlebenden der Shoa und mit ihren Familien in Israel und in der Diaspora. Stuttgart, Bad Cannstatt 2003. S. 219.

4. Körperliche Leiden wie Atemnot, Händezittern, Magen-, Kopf-, Rückenschmerzen oder allgemeine Schwäche erschweren das Leben.
5. Schlaflosigkeit, Angst- und Depressionsattacken und Konzentrationsstörungen bis zur partiellen Amnesie beeinträchtigen die Überlebenden.[199]

Als Folge dieser Symptome kam es häufig zum sozialen Rückzug und Isolation, einem tiefen Misstrauen gegenüber der Welt und psychischer Anästhesie, also der Gleichgültigkeit und Abgestumpftheit der Gefühle. Die extremen Bedingungen, denen die Überlebenden während der Haft und danach durch die PTSD ausgesetzt waren, führten zu einem frühzeitigen Alterungsprozess. Sie wirkten also nicht nur durch ihr gezeichnetes Aussehen älter als sie tatsächlich waren, sondern auch physisch hatten die Erfahrungen schwerwiegende dauerhafte Folgen.[200] Der allgemeine Lebensmut bzw. Wille war aufgrund der gesehenen Ungeheuerlichkeiten und unvorstellbar grausamen von Menschen begangenen Taten dauerhaft gesunken. Die Selbstmordraten ehemaliger KZ-Häftlinge sind daher viel höher als normal.[201]

Die Hauptunterschiede zwischen einer 'Holocaust-Traumatisierung' und allen anderen Traumatisierungen bestehen zum einem im Verlust des fundamentalen Vertrauens an seine Mitmenschen überhaupt, Müller-Hogenhagen nennt diesen Aspekt „eingestürztes Weltvertrauen“[202], bei anderen Wissenschaftlern wie z.B. Ulrike Jureit oder Ilka Quindeau wird dieser Gesichtspunkt als „Zivilisationsbruch“[203] beschrieben. Zum anderen wird der Mitmensch nicht als solcher im wahrsten Sinne des Wortes, sondern als „Gegenmensch“[204], aufgrund der „Blockierung der sozialen Phantasie“[205], erfahren. Beide Gesichtspunkte bedingen sich gegenseitig und führen zu den bereits beschriebenen psychischen Einbrüchen und Störungen, die derartig drastisch sein können, dass Niederland diesen Zustand mit seinen Folgen als „Seelenmord“ beschreibt.[206] Die verdrängten Traumata

---

199 Vgl. Friedmann: Überleben der Shoa – und danach. S. 64.; Müller-Hohenhagen, Jürgen: Verleugnet verdrängt verschwiegen. Seelische Nachwirkungen der NS-Zeit und Wege ihrer Überwindung. München 2005. S. 29, S.183.; Ludewig-Kedmi: Das Trauma des Holocaust zwischen Psychologie und Geschichte. S. 134., Jureit: Erinnerungsmuster. S. 117f.; Sedlaczek: „...das Lager läuft dir hinterher“. S. 49.

200 Vgl. Benz, Wolfgang; Distel, Barbara (Hg.): Überleben und Spätfolgen. IN: Dachauer Hefte. Studien und Dokumente zur Geschichte der nationalsozialistischen Konzentrationslager. Dachau 8. Jahrgang 2004, Heft 8 (November 1992). S. 5.; Niederland, Wiliam G.: Folgen der Verfolgung: Das Überlebenden-Syndrom. Seelenmord. Frankfurt am Main. 1980. S. 234.

201 Vgl. Benz: Überleben und Spätfolgen. S. 12.

202 Müller-Hohenhagen: Verleugnet verdrängt verschwiegen. S. 177.

203 Jureit: Erinnerungsmuster. S. 124., Quindeau: Trauma und Geschichte. S. 262.

204 Ebd.

205 Mitscherlich, Alexander; Mitscherlich, Margarete: Die Unfähigkeit zu trauern. Grundlagen kollektiven Verhaltens. München 1967. S. 23.

206 Vgl. Niederland: Folgen der Verfolgung. S. 229.

reproduzieren sich nicht nur im Traum, sondern können auch im realen Alltag in Form von hypermnestischen Flashbacks[207] wieder ausbrechen, so dass immer eine zeitliche Verbindungslinie zum das Trauma auslösenden Ereignis auch bei sehr großem zeitlichen Abstand besteht.[208] Während der Nachhallerinnerungen, den Flashbacks, gestaltet sich das Handeln und Fühlen des Überlebenden als ob das damalige traumatische Ereignis gegenwärtig wäre.[209] Ein klares Zurückblicken auf die KZ-Haft als ein abgeschlossenes und beendetes Kapitel des eigenen Lebens ist für die Überlebenden aus diesem Grund nicht möglich. Aufgrund der Tatsache, dass Menschen vor allem in hohem Alter als Rentner, wenn sie 'viel Zeit zum Nachdenken haben', über den Sinn ihres Lebens resümieren, kommen gerade in der heutigen Zeit, in der die Generation die die Lagererfahrung machen musste, kurz vor dem Lebensabend steht, viele unverarbeitete Trauma massiv zum Vorschein.[210] Auch die körperlichen Anzeichen des Alters, also graue Haare, Nachlassen der körperlichen und geistigen Kraft etc. beeinflussen und verstärken das Auftreten der Traumaerscheinungen im Alter, da derartige Anzeichen im KZ den sicheren Tod bedeutet hätten.[211]

Im Gegensatz zu den letzten 20 Jahren, in der die Erfahrungen und Erinnerungen der Überlebenden gehört und 'ernst' genommen wurden und werden, stellte die direkte Nachkriegszeit, aber auch noch die 60er, 70er bis in die 80er Jahre auch noch in einem weiteren Zusammenhang eine große psychische Belastung für die in Deutschland lebenden Überlebenden dar. Diese Belastung ergab sich aus der von Alexander und Margarete Mitscherlich ausführlich in der deutschen Gesellschaft erforschten und nachgewiesenen „Unfähigkeit zu trauern". Die kollektive Abwehr sämtlicher Bezüge und Informationen zum vergangenen „Dritten Reich" durch die Deutschen führte dazu, dass die Überlebenden kein Gehör und kein Forum für ihre Erlebnisse - viele geben das Bezeugen der Schrecklichkeiten als Motiv und Antrieb für ihren Überlebenskampf an - fanden.[212] Dadurch erfuhren die Überlebenden nach ihrer überstandenen KZ-Haft eine weitere Herabsetzung ihrer menschlichen Wertigkeit, die ebenso wie die Haft an sich, zu den oben beschrieben psychologischen Störungen führte. Pisarski schreibt zu dieser Thematik von einer „zweiten Schuld" der Deutschen, denn „die Menschen, die 1945 aus den Konzentrationslagern befreit wurden, sind durch die deutsche „Unfähigkeit zu

207 Unter hypermnestischen Flashbacks versteht man in der medizinisch-psychiatrischen Wissenschaft überfallartig auftretende Erinnerungen. Vgl. Niederland: Folgen der Verfolgung. S. 230.

208 Vgl. Friedmann: Überleben der Shoa – und danach. S. 164.

209 Vgl. Nicol: 50 Jahre danach. S. 8f.

210 Vgl. Friedmann: Überleben der Shoa – und danach. S. 186.

211 Vgl. Olbricht: Ein Ast bei Nacht kein Ast. S. 36.

212 Vgl. Mitscherlich: Die Unfähigkeit zu trauern. S. 30 f.

trauern" ein zweites Mal zu Opfern degradiert worden."[213] Bei denjenigen Überlebenden, die während der KZ-Haft Jugendliche oder Kinder und damit noch in bestimmten Entwicklungsphasen ihres Lebens waren, wirkten sich die Geschehnisse besonders stark auf die Psyche aus, so dass es zu besonders schwerer und nachhaltiger Traumatisierung kam.[214] Selbstverständlich sind bei der Beurteilung und Behandlung[215] der Auswirkungen des Traumas immer noch weitere Faktoren zu berücksichtigen, die jeden Fall individuell verschieden machen z.B.: das soziale Umfeld nach dem Trauma, persönlicher Werde- und Berufsgang sowie die bereits erwähnte psychische Gefestigtheit des Überlebenden vor dem Eintreten des Traumaereignisses.

2.2 Die Erinnerungsliteratur als Quelle

Die Zeitzeugen-, Überlebens- und Erinnerungsberichte[216] sind eine eigene Quellengattung, die aufgrund ihres spezifischen Charakters spezieller Analyse und Kritikformen bedarf. Der Zeitzeugenbericht ist ein Teil der Literaturgattung Autobiographie, jedoch als 'Bezeugung' der Geschehnisse an bestimmte Adressanten gerichtet.[217] Die Berichte beleuchten das Geschehene aus einem völlig anderen Blickwinkel, denn sie vermitteln einen Eindruck *aus* dem KZ heraus, während die Akten und Dokumente *auf* das KZ weisen. Die Erinnerungen der Überlebenden stellen somit neben den Akten der Kommandantur eine sehr wichtige Quelle dar, da der Lageralltag aus Sicht der Häftlinge, und nicht aus administrativer bzw. die Menschen zu Objekten degradierenden Sicht der SS, also der Tätersicht, beschrieben wird.[218]

---

213 Pisarski, Angelika: ...um nicht schweigend zu sterben – Gespräche mit Überlebenden aus Konzentrationslagern. München 1989. S. 5.

214 Vgl. Jureit: Erinnerungsmuster. S. 126.

215 Eine 'Heilung' von Traumas ist nicht möglich, das Weiterleben mit dem Trauma kann dem Überlebenden jedoch ermöglicht bzw. erleichtert werden. Vgl. Ludewig-Kedmi: Das Trauma des Holocaust zwischen Psychologie und Geschichte. S. 73.

216 Die Bezeichnungen Zeitzeugenbericht, Überlebendenbericht, Erinnerungsbericht u.ä. sowie verschriftlichte Erinnerungsinterviews und psychologische Befragungen werden in dieser Arbeit, obwohl es im Allgemeinen Unterschiede zwischen den einzelnen Formen gibt, synonym für die Literaturgattung Erinnerungsliteratur verwendet.

217 Vgl. Fritz: Tatort KZ. S. 161.

218 Vgl. Orth: Das System der nationalsozialistischen Konzentrationslager. S. 10.

„Darüber hinaus bieten uns Zeugenaussagen aus subjektiven Erleben, Erinnerung und Berichten heraus Einblick in den Umgang mit NS-Lagergeschichte aus Sicht der Betroffenen.“[219]

Häufig sind zudem die Akten nur unvollständig vorhanden, da die SS während der letzten Kriegswochen versuchte, sämtliche Dokumente und Sachbeweise für ihre Verbrechen in den KZ zu vernichten, so dass die Berichte der Überlebenden oftmals den „einzigen, überlieferten Quellenfundus“[220] darstellen und damit bildet die Erinnerungsliteratur „[...] eine unverzichtbare Vorrausetzung für die Erforschung des Geschehens“[221] vor allem für die Alltagsgeschichtsforschung.[222] Auch bei der später einsetzenden Strafverfolgung „[...] kam dem Zeugenbeweis in Prozessen gegen nationalsozialistischen Gewaltverbrecher eine entscheidende Rolle zu.“[223] Die Übereinstimmung mehrerer Überlebensaussagen kann ein Indiz für einen wahrscheinlichen Wahrheitsgehalt sein. Je mehr Zeit bis zum Verfassen der Aussage vergeht, kann es jedoch, aufgrund von subjektiven und gesellschaftlichen Einflüssen, z.B. dem so genannten „kollektiven Gedächtnis“[224] bzw. nach Welzer „kulturellen Gedächtnis“[225], sowie weiteren ‘Erinnerungsbearbeitungen’, zu einer Abkehr von den Fakten zu einer selbst erdachten Vergangenheit kommen.[226] Denn die zeitliche Verschiebung - oftmals fanden Gerichtsverfahren wie z.B. der Frankfurter Auschwitzprozess erst 1963 oder der Essener Dora-Prozess erst 1967 statt - sowie die persönliche Prägung der Person durch die Situation der Verfolgung und später als Überlebender und Bezeuger der Grausamkeiten bewirkten eine permanente Wahrnehmungs- bzw. Erinnerungseinengung.[227]

„Die Erinnerungen der ehemaligen Häftlinge bilden die Realität nicht unmittelbar ab; Ereignisse und Erfahrungen werden vielmehr aus der Retroperspektive beschrieben, mit größer werdenden zeitlichem Abstand flossen die gesellschaftlichen Deutungen über die

219 Gabriel, Ralph; Mailänder Koslov, Elissa; Neuhofer, Monika; Rieger, Else: Lagersystem und Repräsentation. Interdisziplinäre Studien zur Geschichte der Konzentrationslager. Tübingen 2004. S. 149.

220 Orth: Das System der nationalsozialistischen Konzentrationslager. S. 11.

221 Ebd.

222 Vgl. Cartellieri: Erinnerungsveränderungen und Zeitabstand. S.107.; Rahe: Die Bedeutung der Zeitzeugenberichte für die historische Forschung zur Geschichte der Konzentrations- und Vernichtungslager. S. 85.

223 Gabriel: Lagersystem und Repräsentation. S. 140.

224 Das individuelle Gedächtnis ist immer kollektiv geprägt, kann sich jedoch dem Einfluss des „kollektiven Gedächtnis“ nicht entziehen, da das Individuum ein soziales Wesen ist, welches außerhalb der Gesellschaft gar nicht existent wäre. Ein etwaiger Rückschluss, Erinnerungen des Einzelnen würden das Allgemeine widerspiegeln, ist jedoch nicht grundsätzlich gültig. Vgl. Jureit: Erinnerungsmuster. S. 71 f.

225 Welzer, Harald: Das kommunikative Gedächtnis. Eine Theorie der Erinnerung. München 2002. S. 14.

226 Vgl. Gabriel: Lagersystem und Repräsentation. S. 141.

227 Vgl. Gabriel: Lagersystem und Repräsentation. S. 147.

Geschehnisse in den Konzentrationslagern in die Berichte ein und vermischten sich meist untrennbar mit dem Selbsterlebten."[228]

Die körperlichen Leiden der Überlebenden in den Lagern, allen voran die Dystrophie, bewirkten sehr häufig erhebliche Störungen der mnestischen Funktionen.[229] Bestimmte Details der Geschehnisse gingen dadurch verloren, wurden verdrängt, oder wurden durch unbewusste Erinnerungstäuschungen und Verfälschungen aber auch durch andere Details, die oftmals nicht aus dem eigenen Erleben stammen, ersetzt bzw. die 'Lücken' komplementär aufgefüllt.[230] Dieses Auffüllen wird „Montageprinzip" genannt und lässt sich wie folgt beschreiben:

> „Autobiographische Erinnerungen, die wie jede andere Erinnerung auch „alters- und aufbewahrungsspezifischen Einschränkungen" unterliegen, werden vom Individuum mit „Weltwissen" gefüllt, so dass die Aussage in sich stimmig bleibt. Dabei kann das Weltwissen Erzählungen von Dritten, Gehörtes, Gelesenes oder auch Gesehenes [...] umfassen. Gleichwohl sind damit die Erinnerungen nicht an sich falsch, sondern unterliegen einem permanentem Wandel und sind sozial, kulturell, religiös und übergeordnet kommunikativ geprägt: „ Erinnerung [...] ist immer das Geschehnis plus die Erinnerung an seine Erinnerung". Nicht- Autobiographisches füllt somit die Lücken der eigenen Erinnerung, macht sie stimmig und erzählbar und darüber hinaus für den Erzählenden, auch für den Zeugen vor Gericht, unterbewusst persönlich sinnvoll."[231]

Die Erinnerungsberichte werden alle mehr oder weniger beeinflusst vom Wissen um das Ende, d.h. Ausgang der Geschichte des Dritten Reiches. Zusätzlich wird häufig eine gewisse Deutung oder ein Sinn beigefügt, so dass eine permanente Wechselwirkung zwischen tatsächlichem Erlebnis und konstruierter Erinnerung besteht:[232]

> „Lebensgeschichtliche Rückblicke zeichnen sich [...] durch ihren Gegenwartsbezug aus, sie zeigen weniger ein historisch getreues Abbild des individuellen Lebens als vielmehr eine Vorstellung von diesem."[233]

Cartellieri beschreibt diesen Gesichtspunkt, der ein zentrales Problem der Zeitzeugenquellen darstellt, folgendermaßen: „[...] die Vergangenheit wird in der Erinnerung so gesehen, wie sie in die Gegenwart passt, oder genauer gesagt wie sie zu dem gegenwärtigen Selbstkonzept passt"[234]. Aufgrund dieser Tatsache, enthalten diejenigen Berichte, welche kurz nach Kriegsende angefertigt wurden, weitaus

228 Orth: Das System der nationalsozialistischen Konzentrationslager. S. 18
229 Vgl. Cartellieri: Erinnerungsverdrängung und Zeitabstand. S. 107 ff.
230 Vgl. Wagner: Produktion des Todes S. 33.
231 Gabriel: Lagersystem und Repräsentation. S. 147 f.
232 Vgl. Wagner: Produktion des Todes. S. 30.
233 Jureit: Erinnerungsmuster. S.45.
234 Cartellieri: Erinnerungsveränderungen und Zeitabstand. S. 121.

weniger biographische, reflexive und sinngebende Hinzufügungen als die viel später verfassten.[235]

Der Zwang des deutschen Bundesentschädigungsgesetzes, den Grund seiner Verfolgung anzugeben und sich teilweise rechtfertigen zu müssen um als 'entschädigungswürdiges' Opfer zu gelten, konnte auch dazu führen, dass man sich als Überlebender z.B. eine aktive politische Vergangenheit erdachte. Im Laufe der Zeit wurde diese aus Zwang erfundene Vergangenheit durch die Erinnerungs- und Gedächtnisbeeinträchtigungen zur eigenen, als wirklich empfundenen Vergangenheit.[236] Je öfter man diese Vergangenheit berichten oder nachweisen musste, umso mehr wurde sie zu einer Konfabulation des Überlebenden.[237]

Um das Unsagbare und Unglaubliche der Lagererfahrung aus den Erinnerungen heraus überhaupt kommunizierbar zu machen, muss es in verstehbare und begreifliche Strukturen transformiert werden. Da die nationalsozialistischen KZ in dieser ausgearteten Form eine historische Einzigartigkeit darstellen, gibt es keine bekannte 'Plotstruktur'. Aufgrund der zwingenden Kommunizierbarmachung und der damit verbundenen Veränderung kann es keine völlig authentische Wiedergabe geben.[238] Um den Außenstehenden[239] einen Zugang oder eine Vorstellung der Bedingungen des Lagers zu ermöglichen, benutzen die Überlebenden sehr häufig als Beschreibung der Zustände die Metapher des Dantischen Infernos. Dieser Vergleich des Infernos wird verwendet, da der literarisch gebildete Mensch vom Dantischen Inferno eine genauere Vorstellung hat, als von einer sehr nebulös und fern erscheinenden Hölle. Diese Metapher dient also als Versuch, eine Brücke zwischen der für Außenstehende fremden 'Welt des KZ' - Yves Beon nennt z.B. das Konzentrationslager M-D „Planet Dora“ - und der restlichen Welt einzurichten.[240]

---

235 Vgl. Hilberg, Raul: Die Quellen des Holocaust. Entschlüsseln und Interpretieren. Frankfurt am Main 2002. S. 206.

236 Vgl. Jureit: Erinnerungsmuster. S. 380.

237 Vgl. Welzer: Das kommunikative Gedächtnis. S. 43.

238 Vgl. Welzer, Harald: Verweilen beim Grauen. Essays zum wissenschaftlichen Umgang mit dem Holocaust. Tübingen 1997. S. 124 f.
Viele Überlebende wie z.B. Robert Antelme beschreiben dieses Problem der Unkommunizierbarkeit sowie der damit verbundenen Angst, dass man ihnen aufgrund der unvorstellbaren Beschreibungen oder der Unmöglichkeit das Unvorstellbare zu beschreiben, keinen Glauben schenken würde.

239 Der Begriff „Außenstehende“ umfasst hier all diejenigen Menschen, die keine KZ-Erfahrungen als Häftlinge machen mussten.

240 Die Göttliche Komödie mit dem Inferno von Dante Alighieri ist das in der gesamten Lager- und Überlebensliteratur am häufigsten genannte literarische Werk. Vgl. Taterka, Thomas: Dante Deutsch. Studien zur Lagerliteratur. Berlin 1999. S. 52, 111.

Durch die gemeinsame Leidenserfahrung der Überlebenden in den KZ, bildete sich eine kollektive Identität heraus, die

> „[...] um einen Handlungskern herum im Gedächtnis- und Erinnerungsprozess eine eigene subjektive Form von Lagergeschichte geformt [hat], in der historische Realität, Fiktion und Mythos nicht mehr klar voneinander zu trennen sind"[241].

Durch die Gründung von Organisationen der Überlebenden, Opfern und Leidensgenossen wird die kollektive Erinnerungsbildung stark begünstigt, da ein stetiges Abstimmen der eigenen Lebensgeschichte mit denen der anderen und dem allgemeinen Kanon stattfindet.[242] Auch die Art der Erinnerungsspeicherung beeinflusst die Genauigkeit und Realitätsnähe der Erinnerungen, denn „[...] ein unverzüglich verbalisiertes Erlebnis wird besser im Gedächtnis aufbewahrt als ein Erlebnis, das erst später bei der Reproduktion aus der Erinnerung verbalisiert wird"[243]. Ulrike Jureit hat diesen Aspekt in ihrer wissenschaftlichen Arbeit über Erinnerungsmuster folgendermaßen herausgestellt:

> „Der Vorgang des Erinnerns ist im Wesentlichen nicht als 'Zugriff' zum Gedächtnis, sondern als ein Prozeß der Elaboration von als Erinnerungen qualifizierten sinnlichen Anmutungen aufzufassen. Dabei hängt er in erheblichem Maße von Bedingungen ab, die unabhängig von den 'erinnerten Inhalten' sind" [244].

Wichtig für die Beurteilung der Überlebendenberichte ist also nicht nur *was* erinnert wird, sondern auch *wie* erinnert wird. Es sind also Kenntnisse über die neurologischen bzw. neurophysiologischen Bedingungen des Erinnerungsvorgangs nötig. In Bezug auf wissenschaftliche Forschung mit Hilfe von Zeitzeugenberichten bedeutet dies eine notwendige interdisziplinäre Verknüpfung von Geschichte und Psychologie.

'Normale' - also nichttraumatische - Erinnerungen unterliegen nach dem Freudschen Prinzip der Nachhaltigkeit einem lebenslangen Veränderungs- und Umschreibeprozess.[245] Die unbewusst vorhandenen traumatischen Erinnerungen hingegen bleiben unbearbeitet, da „[...] die Erinnerung an das Trauma nicht als Teil der persönlichen Vergangenheit integriert und akzeptiert"[246] wurde. Die Speicherung der traumatischen Erinnerungen hängt unmittelbar vom jeweiligen emo-

---

241 Vgl. Gabriel: Lagersystem und Repräsentation. S. 154.

242 Vgl. Wagner: Produktion des Todes. S. 34.

243 Cartellieri: Erinnerungsveränderungen und Zeitabstand. S. 113.

244 Zitiert nach Jureit: Erinnerungsmuster. S. 45.

245 Vgl. Jureit: Erinnerungsmuster. S.46.

246 McFarlane, Alexander; van der Kolk, Bessel; Weisaeth, Lars (Hg.): Traumatic Stress. Grundlagen und Behandlungsansätze. Theorie, Praxis und Forschungen zu posttraumatischem Stress sowie Traumtherapie. Paderborn 2000. S. 32.

tionalen Zustand ab und entzieht sich auf lange Zeit dem verbalen-narrativen Zugriff, d.h. sie werden nicht semantisch-linguistisch, sondern in Bildern, Empfindungen und affektiven Gefühlszuständen visual gespeichert.[247] Durch die Nichtintegrierung modifiziert ein langer Zeitraum die Erinnerung bei PTSD nicht, d.h. es kommt zu keinem Abklingen, Be- und Verarbeiten oder Vergessen, so dass die Erinnerung zeitlos bleibt.[248] Dieser Aspekt sollte von den Historikern besondere Aufmerksamkeit erfahren, da die oben beschriebenen Einflüsse nicht wirksam wurden. Stark einschränkend muss man jedoch hinzufügen, dass bei vormaligem Erzählen, Aufschreiben oder anderweitiger Weitergabe der Erlebnisse bereits ein reflexiver Prozess stattgefunden haben muss, so dass die traumatische Erinnerung bereits aus dem Unbewussten heraus ins Bewusste transportiert wurde. Im Bewussten erfahren allerdings diese Erinnerungen alle Einschränkungen und Beeinflussungen ebenso wie 'normale' Erinnerungen.[249] Das bedeutet, dass sich nur bei denjenigen Überlebenden, die noch nie ausführlich über ihre Lagererlebnisse berichteten, unbearbeitete 'exakte' Erinnerungsbeschreibungen, bei entsprechenden psychologischer Methoden - denn unbewusste Erinnerungen können nicht nach belieben ins Bewusste geholt werden - finden lassen würden. Ob und in welcher Anzahl noch solche Überlebende heutzutage leben, kann nicht beantwortet werden und würde sich nur äußerst schwer bis gar nicht evaluieren lassen.

Die Verdrängung der Erinnerungen bestimmter traumatischer Geschehnisse muss nicht vollkommen negativ oder sogar psychisch schädlich bewertet werden. Denn die Verdrängung als unbewusst ablaufender Vorgang, welcher zum Ziel hat, innerliche und äußerliche Eindrücke nicht ins Bewusstsein kommen zu lassen, falls das dann zu Erlebende unangenehm wäre, stellt in gewisser Hinsicht auch einen Schutzmechanismus dar.[250] Als Resultat eines solchen Vorganges ist der 'Bewegungsspielraum' des Individuums jedoch teilweise stark eingeschränkt.[251] Das problematische an den psychischen Schutzmechanismen ist, dass sie sich nicht einfach willentlich wieder aufheben oder bearbeiten lassen.

Die Identitätskonstruktion des Einzelnen beim Verfassen eines Berichtes sowie im Bericht selber kann im übertragenen Sinn als Selbsttherapie bezeichnet werden und ist ein wesentliches Merkmal der Überlebensliteratur.[252] Denn die Erfahrungen, die in den Zwangslagern gemacht wurden sowie die von den Tätern forcierte Methode der Zerstörung der Persönlichkeit und Identität des Einzelnen - man gab den Häftlingen in den Lagern als Namensersatz Nummern zur Identifizierung -

247 Vgl. McFarlane: Traumatic Stress. S. 12, 232.
248 Vgl. McFarlane: Traumatic Stress. S. 33.
249 Vgl. McFarlane: Traumatic Stress. S. 240.
250 Vgl. Jureit: Erinnerungsmuster. S. 49.
251 Vgl. Müller-Hohenhagen: Verleugnet verdrängt verschwiegen. S. 163.
252 Vgl. Fritz: Tatort KZ. S. 163.

hinterließen große psychologische Narben. Die Individualität des Einzelnen wurde durch das permanente Zusammenpferchen der Masse auf engstem Raum erheblich beschädigt.[253] Die Bewusstmachung und Reflexion der gemachten Erfahrungen ist also der erste Schritt zur Bewältigung derselben.

Die beschriebenen Faktoren und Bedingungen sowie die Tatsache, dass gewisse Erfahrungen und Erlebnisse sprachlich nicht mitteilbar sind, müssen bei der Beurteilung und Kritik der Erinnerungsliteratur berücksichtigt werden, dürfen aber andererseits nicht zu einer apriorischen Abwehrhaltung einer wissenschaftlichen Auswertung der Erlebnisberichte führen, da die Folgen der KZ-Haft vielseitig, nicht bei jedem gleichstark ausgeprägt und individuell verschieden waren.[254] Außerdem muss man sich bei der Beurteilung und Auswertung von Überlebensliteratur immer vor Augen halten, dass beim Verfasser ein permanentes Spannungsverhältnis zwischen 'sprechen-wollen' und 'nicht-sagen-können' besteht sowie Unterschiede zwischen den Mitgliedern der verschiedenen sozialen, nationalen und religiösen Gruppen möglich sind.

Auch wenn die Berichte keine sachlich-objektive Quelle darstellen, sind sie dennoch eine in der Wissenschaft verwertbare authentische Quelle aus der Wahrnehmung des Beschreibenden.[255] Die Beschreibung der Ereignisse unterliegt dem subjektiven Bewertungskatalog des Berichtenden, bei dem er auswählt, was und was nicht beschrieben wird. Der Historiker muss also „[...] den Zeugen ihre subjektive Wahrnehmung zugestehen, ohne gleichzeitig sein Anliegen, die historischen Fakten zu ermitteln, aus den Augen zu verlieren“[256]. Bei der kritischen Quellenanalyse muss auch untersucht werden, was ambivalent zum Beschriebenen, nicht beschrieben und weggelassen wurde, ganz gleich, ob es absichtlich oder unabsichtlich - also allgemein aus welchen Gründen heraus - geschah. Der wissenschaftliche Wert der Berichte liegt neben der Darstellung des subjektiven Lageralltags und Selbstbehauptungsstrategien vor allem in der Reflexion der Lagererfahrung sowie den daraus resultierenden Erkenntnissen über die Verarbeitungsmechanismen, die wiederum auch Hilfen für etwaige gezieltere therapeutische Maßnahmen geben können.[257] Außerdem bietet die Verwendung der Erlebnisberichte einen Perspektivwechsel von der sachlich-bürokratischen oft zugleich menschenverachtenden Täterperspektive der Akten und Lagerdokumente zur indivi-

253 Vgl. Sofsky: Die Ordnung des Terrors: Das Konzentrationslager. S. 66 f.

254 Vgl. Rahe: Die Bedeutung der Zeitzeugenberichte für die historische Forschung zur Geschichte der Konzentrations- und Vernichtungslager. S. 86.

255 Vgl. Gabriel: Lagersystem und Repräsentation. S. 154.

256 Dieckmann: Die nationalsozialistischen Konzentrationslager. S. 14.

257 Vgl. Wagner: Produktion des Todes. S. 31.

duellen Opferperspektive.[258] Diese 'neuen' Perspektiven geben zudem Einblick in die Lebens- und Arbeitsbedingungen der Häftlingsgesellschaft, beschreiben deren Dynamik und machen die Häftlingshierarchie mit den spezifischen Merkmalen der verschiedenen sozialen, religiösen, politischen und nationalen Gruppen mit dem unterschiedlichen Verfolgungs- und Vernichtungsdruck 'erfahrbar' und verdeutlichen zusätzlich etwaige Unterschiede in den Reaktionen und Verhaltensweisen von Frauen und Männern.[259] Durch das Erschließen der Erlebnisberichte als Quelle erscheinen die Häftlinge in den Lagern zudem nun nicht mehr nur als bloße Objekte der SS-Willkür, sondern auch als selbst handelnde - wenn auch in den meisten Fällen extrem eingeschränkt - und fühlende Subjekte.

---

258 Vgl. Rahe: Die Bedeutung der Zeitzeugenberichte für die historische Forschung zur Geschichte der Konzentrations- und Vernichtungslager. S. 94.

259 Ebd. S. 95.

3. Alltag im Konzentrationslager Mittelbau-Dora

„Wir sprechen nicht gerne über unser Erlebnis: Wer selber in einem Lager war, dem brauchen wir nichts zu erklären; und wer es nicht war, dem werden wir es nie begreiflich machen, wie es in uns ausgesehen hat – und wie es auch jetzt noch in uns aussieht.“[260]

Den Alltag und *die* „soziale Wirklichkeit“[261] kann es für die Konzentrationslager nicht allgemeingültig geben. Denn jeder einzelne Überlebende hat die KZ-Haft für sich und aus sich selbst heraus anders erlebt. Der Alltag und die „soziale Wirklichkeit“ sind vielmehr abstrakte Begriffe für eine allgemeine Beschreibung, in welcher die individuellen Erlebnisse und Erfahrungen aller Häftlinge - nicht jeder kann alles gesehen und erlebt haben - eingeflossen und zusammengefasst sind. Dennoch ist es möglich, in einer Gesamtbetrachtung vor allem unter Einbezugnahme der Überlebensberichte, den Alltag eines Konzentrationslagers derart zu beschreiben, dass es den Tatsächlichkeiten des Alltags der Mehrzahl der Häftlinge sehr nahe kommt, auch wenn individuell und subjektiv erlebte Ereignisse und Gefühle darin nicht enthalten sind.

Die Willkür exzessiver Gewalt machte den Alltag im Konzentrationslager aus. Der „[...] Terror wechselt zwischen Planung und Unordnung, zwischen Regulierung und Überfall“[262] und erzeugte durch die absolute Macht der SS in den Lagern, eine absolute Ohnmacht, die es bei allen Überlebensstrategien und Handlungen unmöglich machte, die Gewissheit des Überlebens für die nächsten Tage zu haben.

„Die Kontinuität des inneren Zeitbewusstseins wird zerstückelt, Vergangenheit und Zukunft werden radikal entwertet. Der Gefangene existierte in einer ewigen, aber unregelmäßig pulsierenden Gegenwart, in einer endlosen Dauer, die ständig durch plötzliche Überfälle unterbrochen wurde.“[263]

Aus dieser Tatsache der Unberechenbarkeit heraus folgt, dass es keine einheitlichen und starren Merkmale der Überlebensfähigkeit geben kann, sondern nur Strategien, den Bedingungen der Willkür entgegenzuwirken oder zumindest abzuschwächen sowie den Bedingungen der Lebenserhaltung zuzuarbeiten.

---

260 Viktor E. Frankl zitiert nach Friedmann: Überleben der Shoa – und danach. S.175.

261 Jureit: Erinnerungsmuster. S. 80.

262 Sofsky: Die Ordnung des Terrors: Das Konzentrationslager. S. 89.

263 Sofsky: Die Ordnung des Terrors: Das Konzentrationslager. S. 36.

Im Alltag in Mittelbau-Dora war ein Häftling ebenso wie in anderen Lagern nie allein. Es gab aufgrund der völligen Überbelegung der Baracken und den Hunderten bis Tausenden von Menschen keinen Ort, an dem man zeitweise allein sein konnte. Körperliche Distanz zum Mitmensch, der nicht selten ein völlig Fremder mit fremder Sprache war, ließ sich nicht aufbauen. Dies führte zu einem starken psychologischen Spannungsfeld im Einzelnen, denn die aggressiven und sexuellen Triebe konnten nicht ausgelebt werden, sondern mussten permanent verdrängt werden. Auch am Arbeitsplatz war der Raum der Bewegungsmöglichkeiten begrenzt, selbst wenn man das 'Glück' hatte, allein zu arbeiten, waren doch immer Vorarbeiter, zivile Meister, Kapos oder kontrollierende SS-Männer in der Nähe. Im Lager selbst war der Freiraum durch die Lagerzäune klar definiert, nach 22 Uhr war es den Häftlingen zudem nicht mehr erlaubt, ihre Baracken zu verlassen. Die Einschränkung der persönlichen Freiheit des Einzelnen durch die permanente Begrenzung des Raumes und das Einfügen des Einzelnen in eine homogene Häftlingsmasse stellte eine repressive Terrormethode der SS dar, Individualität, Persönlichkeit und Widerstand des Einzelnen zu brechen und ihn zu einem willenlosen Arbeitssklaven zu machen. Schon wer sich der Lagergrenze näherte, die als Tabu-Zone galt, 'bedrohte' die Autorität der SS und wurde mit Schlägen bestraft oder sogar „auf der Flucht" erschossen. Ebenso wie die Regelung und die Beschränkung des Ortes durch die Lagerzäune, geometrisches, funktionales Anlegen der Baracken und Lager etc. wurde der Wechsel zwischen genauer Regelung der Zeit an sich und Willkür zu einer wirkungsvollen Regulierungsmethode der Macht der SS.[264] Durch das Verbot Uhren zu tragen oder zu besitzen - Ausnahmen stellten hierbei einige privilegierte der oberen Funktionshäftlinge z.B. die Lagerältesten dar - wurde zusätzlicher psychischer Druck gegen die Gefangenen aufgebaut, denn diese Tatsache machte die SS vollends zu 'Herrschern über die Zeit'.

Die Schwierigkeit der Erfassung und Rekonstruktion eines Alltags im Konzentrationslagers anhand der Berichte, liegt neben der im einleitenden Zitat angesprochenen Unmöglichkeit der adäquaten Wiedergabe des Erlebten durch die Überlebenden, an den, aufgrund der unvorstellbaren Zustände und unsagbaren Grausamkeiten der Lager im 'Zuhörer' bzw. 'Leser' hervorgerufenen, Zweifeln an dieser Realität. Viele ehemalige Häftlinge berichteten nach dem Krieg von den KZ als einer anderen Welt, einem anderen Planeten, dessen Alltag so ungeheuer weit weg und gänzlich verschieden vom normalen Alltag war, dass man die Erfahrungen kaum übersetzen und die Erlebnisse nicht schildern kann und niemand, der nicht dabei gewesen war, nachvollziehen können wird, was die Häftlinge durchmachen mussten:

264 Vgl. Sofsky: Die Ordnung des Terrors: Das Konzentrationslager. S. 89.

„Gerade in diesem Bereich werden die Grenzen des Sagbaren deutlich. Die Normalität des Konzentrationslagers lag in der Ausnahmesituation, der Alltag war das Sterben und kaum das Überleben.“ [265]

Auch wenn Aimé Bonifas im Alltag der KZ das Sterben als Hauptmerkmal beschreibt, soll im Folgenden der Alltag als ein ‘Raum’ verstanden werden, indem es trotz aller Umstände möglich war, bestimmte Überlebensstrategien und Handlungsalternativen zu entwickeln und anzuwenden, um sein individuelles Überleben wahrscheinlicher zu machen. Der Alltag für jeden einzelnen war ein Überlebenskampf, in der nur diejenigen eine Chance hatten, welche die extrem seltenen und wertvollen Ressourcen und Möglichkeiten im Lager nutzen. Falk Pingel fasst dieses Prinzip in zwei Grundregeln zusammen, die man in diesem Überlebenskampf anwenden musste: Zum einen der Abbau sämtlicher Ansprüche für das eigene Leben und zum anderen die geistige Negierung der Todesbedrohung, die durch „Hinnahme des täglichen Todes Vorrausetzung dafür [war], sich langfristig gegen ihn [den täglichen Tod - A.d.Vfs.] zur Wehr zu setzen“[266].

Eine längerfristige Zukunftsplanung war in Anbetracht der bestehenden Lagerverhältnisse und Lebensbedingungen nicht möglich. Die Gedanken, Sorgen und das Bestreben der Häftlinge, die noch kämpferischen Willen besaßen, war auf das Überleben des heutigen und der nächsten Tage gerichtet. Eine Lebens- und Gestaltungsvorplanung auf Wochen, Monate oder gar Jahre wäre aufgrund der realen massiven Todesbedrohung illusorisch gewesen. Überleben hieß lediglich, den nächsten Tag zu überstehen. In welcher Art und Weise sich der einzelne Häftling individuell verschieden zur Masse Möglichkeiten schuf und Strategien anwendete, wird im Folgenden erarbeitet. Dabei wird die Bezeichnung M-D auch für die Zeitspanne verwendet, in welcher Dora mitsamt den Nebenlagern noch nicht den Status eines eigenständigen KZ hatte, sondern noch Außenlager von Buchenwald war.

3.1 Die Häftlingsgesellschaft in Mittelbau-Dora

Im Häftlingsalltag von M-D spielte die Struktur und der Aufbau der Häftlingsgesellschaft eine wesentliche Rolle. Nicht alle Häftlinge lebten unter denselben schlechten Bedingungen. Der Aufbau bzw. die Rangordnung der Häftlingsgesellschaft in Mittelbau-Dora verlief nach einer dreigleisigen Strukturierung[267]:

---

265 Bonifas: Häftling 20801. S.161.

266 Pingel, Falk: Häftlinge unter SS-Herrschaft. Widerstand, Selbstbehauptung und Vernichtung im Konzentrationslager. Hamburg 1978. S. 157.

267 Vgl. Wagner: Produktion des Todes. S. 396 ff.

1. Kategorisierung nach den Einweisungskriterien durch die SS über das Winkelsystem.
2. Kategorisierung nach nationalen Kriterien über die Buchstaben in den Winkeln. Neben den rassebiologisch-ideologischen Aspekten wie bei den Einweisungskriterien spielte der aktuelle Kriegsverlauf und die damit verbundene Zunahme bestimmter nationaler Häftlingsgruppen hierbei ebenso eine Rolle.
3. Kategorisierung nach beruflicher Qualifikation und körperlicher Leistungsfähigkeit.

Die folgende, schematisch-visualisierte Darstellung von Wolfgang Sofsky zeigt anschaulich die Rangordnung der Häftlingsgesellschaft und die bestehende Todesbedrohung. Die Einteilung erfolgte neben den nationalen Kriterien (II) nach Kriterien der politischen Feindschaft (III) und der sozialen Abweichung (IV).

Das System der Klassifikationen

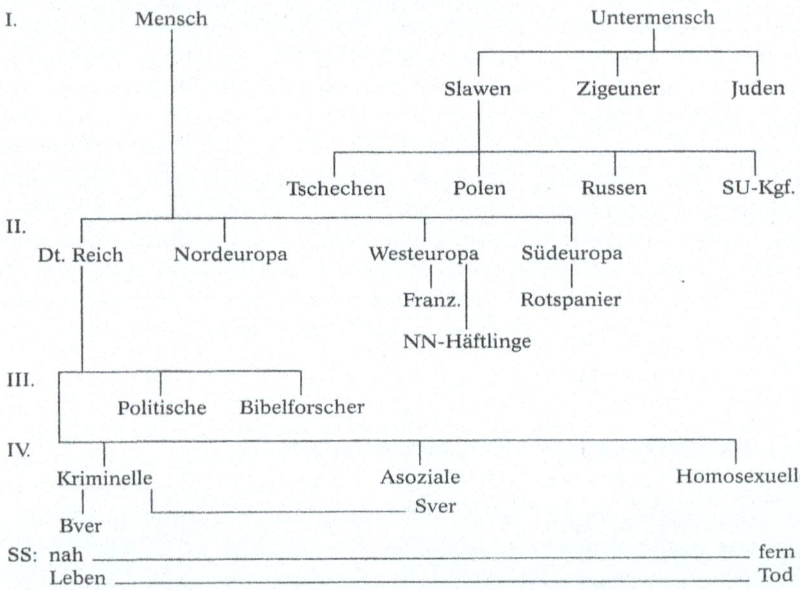

Aus: Sofsky: Die Ordnung des Terrors: Das Konzentrationslager. S. 140.

In anderen KZ spielte der 3. Punkt eher eine untergeordnete Rolle, dafür war das Einlieferungsdatum ein wichtiges Kriterium, welches den Status und die Stellung eines Häftlings innerhalb der Häftlingsgesellschaft beeinflusste.

Obwohl die Kluft zwischen den alten Konzentrationären[268], meist deutschen politischen Gefangenen, die als vermeintliche oder tatsächliche Kommunisten oder Sozialdemokraten bereits ab Februar 1933 vom Regime verfolgt und inhaftiert wurden und relativ neu eingelieferte Häftlingen, die zum Teil erst in den letzten Monaten oder Kriegsjahren der nationalsozialistischen Verfolgung zum Opfer fielen, auch in M-D bestand, hatte sie bedeutend weniger Einfluss auf den Aufbau der Häftlingsgesellschaft als in alten Lagern wie Buchenwald oder Sachsenhausen. Die Kluft existierte, obwohl M-D kein Einweisungslager war, d.h. die Häftlinge hatten normalerweise mindestens ein Lager, zumindest das Quarantänelager eines KZ durchlaufen. Die 'Alten', die die Lagergrausamkeiten mit abgestumpfter Routine hinnahmen, machten in den ergatterten Funktionsposten - die sie häufig aufgrund des Prestiges, welches durch die sehr niedrigen Einweisungsnummern hervorgerufen wurde - ihre privilegierte Position und ihren Erfahrungsvorsprung gegenüber den oft völlig verschreckten 'Neuen' schnell deutlich.[269] Eine wichtige Überlebensstrategie für 'Neue' war deshalb die Bereitschaft, sich schnell an diese völlig andere Welt des KZ anzupassen, da sie ein Defizit an Lagererfahrung und daraus resultierenden Handlungsabläufen besaßen. Eine prinzipiell vorhandene Lern- und Anpassungsfähigkeit an neue unerwartete Lebensverhältnisse war dafür unabdingbare Vorrausetzung. Nur wer entweder das Verhalten und Auftreten der 'Alten' nachahmte, oder wer durch Gespräche erfuhr, wie er sich am günstigsten zu verhalten habe und was die Befehle bedeuteten - viele Häftlinge konnten die deutsche Sprache überhaupt nicht und waren bei Nichtbefolgung der für sie unverständlichen Befehlen scharfen Strafen und Misshandlungen ausgesetzt - hatte Chancen, das KZ zu überleben.

Nahezu die gesamte Anzahl der Häftlinge in M-D waren männliche Erwachsene im Alter zwischen 18 und 45 Jahren, aufgrund der schweren Arbeitsanforderungen in den Baukommandos und der zur damaligen Zeit noch zur Gewohnheit gehörenden Tatsache, dass mehrheitlich Männer handwerklich-technische Berufe erlernt hatten, die in den Fertigungskommandos benötigt wurden. Durch die „Evakuierungstransporte" aus dem Osten kamen jedoch auch männliche Jugendliche und Kinder - meist Juden und „Zigeuner", aus Auschwitz nach M-D. Nur manche von ihnen hatten die Chance in leichten Kommandos zu arbeiten, während der Großteil wie die Männer - aufgrund ihres Alters konnten sie noch keinen lebensrettenden handwerklich-technischen Beruf erlernt haben - in den verheerenden Baukommandos arbeiten mussten.[270] Ebenfalls über die „Evakuierungen"

268 „Konzentrationär" ist ein mittlerweile in die Forschung eingeführter künstlicher Begriff, der eine Kurzform von Konzentrationslagerinsasse bzw. Konzentrationslagerhäftling darstellt. Auch als Zeitbegriff im Sinne von vorkonzentrationärer Erfahrung - also Erfahrung die zeitlich vor der Einweisung in das KZ gemacht wurden - findet dieses Wort Verwendung.

269 Vgl. Pingel: Häftlinge unter SS-Herrschaft. S. 155.

270 Vgl. Wagner: Produktion des Todes. S. 419 ff.

gelangten am 28.1.1945 nach M-D 512 Frauen aus Auschwitz, die jedoch nur kurzzeitig in einem isolierten Block untergebracht waren und anschließend weiter nach Bergen-Belsen transportiert wurden. Die am 12.3.1945 aus einem Groß-Rosener Außenlager ankommenden 285 ungarischen Jüdinnen wurden von Dora in das Außenlager Groß-Werther verschickt. Dieses ausschließlich mit Frauen belegte Außenlager, welches auf den Dachböden zweier Gaststätten eingerichtet worden war, bestand nur drei Wochen und wurde danach wieder aufgelöst. Über einen Zwangsarbeitseinsatz dieser Frauen liegen keine Quellen vor.[271] Die beschriebenen Frauentransporte sowie die Frauen, die im Lagerbordell arbeiten mussten, sind die einzig nachweisbaren weiblichen Häftling, die in M-D zeitweilig eingesperrt waren, was im KZ-System trotz einschlägiger Männer- und Frauenlager eine Besonderheit darstellt.

3.1.1 Muselmanen

Selbst die am Ende der SS-Hierarchie stehenden Juden, „Zigeuner“ sowie russische und ukrainische Häftlinge waren noch nicht die unterste Klasse der Häftlingsgesellschaft. Die Klasse, welche auf der allerletzten Stufe dieser Gesellschaft stand, waren die so genannten „Muselmanen“[272], die zu einer häufig anzutreffenden Erscheinung in den Konzentrationslagern geworden waren. Die Bezeichnung „Muselmane“ charakterisierte den langsamen Zerfall des Menschen in „geistiger Agonie und sozialer Verlassenheit“[273] und bedeutete neben dem völligen körperlichen Verfall vollkommene Apathie, ohne die Möglichkeit noch einen eigenen Willen zu bilden und durchzusetzen. Während zu Beginn des ersten Auftretens dieser Erscheinung die „Muselmanen“ noch Opfer härtester und exzessivster Gewalt wurden, änderte sich dies im Laufe der Zeit. Da sie auch auf Misshandlungen keinerlei Reaktion zeigten und nahezu alles mit sich geschehen ließen, verloren die Täter die Lust und das Interesse an den „lebenden Toten“, wie sie bezeichnenderweise genannt wurden. Ein ehemaliger Häftling beschreibt die „Muselmanen“ im Nachhinein:

> „Ihr Leben ist kurz, doch ihre Zahl ist unendlich. Sie, die Muselmänner, die Verlorenen, sind der Nerv des Lagers: sie, die anonyme, die stets erneuerte und immer identische Masse schweigend marschierender und sich abschuftender Nichtmenschen, in denen der göttliche Funke erloschen ist, und die schon zu ausgehöhlt sind, um wirklich zu leiden. Man zögert, sie als Lebende zu bezeichnen; man zögert, ihren Tod, vor dem sie nicht erschrecken, als Tod zu bezeichnen, weil sie zu müde sind, ihn zu fassen.“[274].

271 Vgl. Wagner: Produktion des Todes. S. 415 f.
272 In vielen Quellen auch Muselmann bzw. Muselmänner geschrieben.
273 Vgl. Sofsky: Die Ordnung des Terrors: Das Konzentrationslager. S. 38.
274 Zitiert nach Sofsky: Die Ordnung des Terrors: Das Konzentrationslager. S. 229.

Zum Ende des Krieges gehörten die „Muselmanen“ zum Alltagsbild der Lager, niemand nahm sie jedoch noch wahr oder schenkte ihnen Beachtung, sie wurden einfach sich selbst überlassen. Kam es dennoch zu Begegnungen mit ihnen, riefen sie nur Ekel und Wut der Mithäftlinge hervor, da diese in den „Muselmanen“ bereits das ihnen selbst drohende Schicksal erblickten. Ein in Dora ankommender Häftling beschreibt den Anblick der „Muselmanen“ im Lager:

> „Als sie uns heraustrieben [aus den Waggons - A.d.Vfs.], sahen wir im Lager keine Menschen, nur Schatten. Diese Ungeheuer sahen so aus, als wären sie lebende Leichen. Sie liefen nicht, sie krochen; Halbwilde und Gleichgültige, so dass sie auf nichts reagierten.“[275].

Die SS hatte ihr diabolisches Ziel erreicht: die Vernichtung des eigenen Willens, den Verlust der Persönlichkeit, die äußerliche Entmenschlichung sowie den Ausschluss aus jeglicher sozialen Gesellschaft.

3.1.2 Gruppenbildung

Die soziale Orientierung in den einzelnen Gruppen mit gemeinsamer weltanschaulicher Einstellung hatte nicht nur materielle Vorteile, sondern stärkte darüber hinaus in großem Maße die psychische Stabilität und das soziale Gefühl für die Mitmenschen zumindest der eigenen Gruppe, bzw. förderte es allgemein ein Bewahren von einem gewissen Maß an Menschlichkeit, trotz des oft in den Erlebnisberichten beschriebenen Hobbschen Kampfes aller gegen alle. Das weltanschauliche Denken in der Gruppe half zudem, zukunftsorientierte Handlungsmöglichkeiten und Hoffnungen aufrecht zu erhalten sowie eine ausgeprägte 'zusammenschweißende' Gruppenidentität zu schaffen und war nicht an das Überleben des Einzelnen gebunden. Neben der weltanschaulichen Orientierung als Einteilungskriterium, schlossen sich die meisten Häftlinge mehr oder weniger lockeren Gruppen ihrer eigenen Nationalität an, was schon allein wegen der vorhanden Sprachschwierigkeiten im Lager durch die Vielzahl der vertretenen Nationen nahe lag (Tabelle über die ethnische Zusammensetzung der größeren Lager in M-D – Anhang 6). Ähnlich wie bei den weltanschaulich, also meist politisch orientierten Gruppen, die sich zusammengefunden hatten, stand neben dem solidarischen Teilen von Gütern das gegenseitige Aufbauen der psychischen Verfassung und Moral im Vordergrund. Dies ging jedoch gleichzeitig mit einer Abgrenzung zu anderen Gruppen und einer Nichtanteilnahme am Schicksal der anderen einher, was nicht selten zu erbitterten Überlebenskämpfen um die wenigen Ressourcen führte. Ausgeprägte Kameradschaftlichkeit und Solidarität innerhalb einer mehr oder weniger abgeschlossenen Gruppierung bot durch die gegenseitige Hilfe,

275 DMD P1, Bd. 26 Dok. 1.

Rücksichtnahme und Sorge gute Chancen, die Wahrscheinlichkeit des Überlebens zu erhöhen.[276]

Der Einzelne musste, wenn er die fehlende Intimsphäre und körperliche Distanz im Lager verkraften wollte, eine eigene Identität nach innen bewahren, gleichzeitig aber nach außen jede individuelle Idee, jedes individuelle Aufbegehren und Auftreten vermeiden. Denn innerhalb der durch Fehlen der Haare, einheitlicher Kleidung und reihenartigen Organisierung nahezu vollständig homogenen Masse, würde jedes Andersartigsein sofort die Aufmerksamkeit der oft gewalttätigen Kapos oder gar der SS erregen, was mitunter bereits ein Todesurteil bedeuten konnte - mindestens aber eine Tracht Prügel nach sich zog. In den Augen der SS bedeutete Individualität ein Aufbegehren gegen ihre absolute Macht und bedurfte sofortiger Gegenmaßnahmen. Das absichtliche Mitschwimmen bzw. Untertauchen in der Masse, um seine zumindest noch geistige Widerstandstätigkeit und den Überlebenswillen vor den Peinigern zu verstecken, stellte eine nicht zu unterschätzende Strategie dar, sich dem tödlichen Wahnsinn der KZ zu entziehen bzw. dagegen zu kämpfen. Die Angepasstheit an die Regeln des KZ, d.h. der Gehorsam 'nach außen', das Befolgen von SS-Anweisungen sowie das Vermeiden von sinnlosen Protesthaltungen oder Auffälligkeiten, klingt zunächst wie eine banale Voraussetzung in der Bewältigung des Lageralltages. Dennoch beschreiben einige Überlebende diese Methode als wesentlich, um zumindest den Schikanen und Gewaltexzessen der Bewacher aus dem Weg zu gehen, was ein Überleben, wenn die Methode dauerhaft erfolgreich war, wahrscheinlicher werden ließ. Vielen war diese strategische Handlungsweise als Überlebenschancenerhöhung gar nicht bewusst, sei es, weil sie diese Verhaltensformen von sich aus unbewusst bzw. reflexiv nachahmend vollzogen, oder weil sie diese Handlungsweise als nicht entscheidend ansahen.

Weder die große weltanschauliche oder nationale Gruppe noch der Einzelne hatten die besten Vorraussetzungen und Überlebenschancen. Die Kleingruppe als soziale 'Ersatz'-Familie, in der sich drei bis vier Häftlinge zusammenschlossen, die sich aus vorkonzentrationärer Zeit kannten, gemeinsame Lager vor M-D erlebt hatten, derselben Region oder Nation angehörten oder sich - einfach auf Sympathie gegründet - im Lager kennen gelernt hatten, besaß die besten Überlebensmöglichkeiten. Denn in einer Gruppe im KZ musste absolutes Vertrauen in die Verlässlichkeit und Solidarität der Kameraden herrschen, da man die gemeinsame Bewachung und Besorgung von Nahrung, dem Essgeschirr und den Bettstellen - also die elementarsten Lebensbedingungen im Lager - arbeitsteilig vornahm. Auch teilte man die Inhalte der Pakete, die man teilweise bekam, brüderlich mit den anderen Kameraden. Man stärkte sich moralisch gegenseitig, gab sich bei

276 Vgl. DMD P1, Bd. 2.

Tiefpunkten Kraft, achtete aufeinander und sorgte sich bei Krankheit und Schwäche um den Kranken. In einer größeren Gruppe waren diese Gesichtspunkte weitaus schwieriger, wenn nicht gar unmöglich umzusetzen. Zumal es in der Kleingruppe viel einfacher war, in einen gemeinsamen Block oder ein gemeinsames Arbeitskommando zu gelangen oder allgemein zusammen bleiben zu können. Ein Überlebender beschrieb die Sorge die die Häftlinge in dieser Hinsicht hatten:

> „Unser alle einzige Sorge besteht darin, in Kontakt zu bleiben mit den wenigen anderen, bei denen man durch wiederholte Bemühung und Anstrengung einen bestimmten positiven Eindruck geschaffen hat, seine Existenz so als Moment einer Beziehung und gemeinsamen Zielsetzung darstellend – um ja nicht noch einmal unterzugehen in einer unbekannten, blinden, feindlichen Masse von gesichtslosen Zeugen, wie es für alle zu Beginn gewesen ist.“[277].

Aus den beschriebenen Vorteilen heraus, war die Mitgliedschaft in einer Kleingruppe, auch wenn sie nur eine Zweckgemeinschaft darstellte, für viele Häftlinge essentiell für das Überleben.[278]

3.1.3 Funktionshäftlinge / Kapos

Der im Kapitel 3.1 dargestellte Aufbau der Häftlingsgesellschaft bestimmte im wesentlichen den Aufbau der Rangordnung der von der SS bestimmten Arbeitsposten im Lager - dem System der Funktionshäftlinge und Kapos - in welcher sich obige Hierarchie nahezu exakt widerspiegelt. In Ausnahmen gelang es jedoch auch einflussreichen Gruppen, bestimmte Häftlinge entgegen der SS-Hierarchie auf einen guten Posten zu bringen. Die Häftlinge in den Organisations- und Funktionsablauf der Konzentrationslager mit Verwaltungs- und Ausübungsfunktionen - als so genannte Funktionshäftlinge und Kapos - einzubinden z.B. in der Arbeits- und Lagerstatistik, stellte eine perfide Methode des Terrors der Nationalsozialisten dar.[279] Denn um die Einen zu schützen, mussten man Andere benachteiligen, was in den meisten Fällen einem Todesurteil gleichkam. Die politischen Funktionshäftlinge des Lagers Buchenwald verhinderten z.B. häufig den Transport von Kameraden, das heißt, ebenfalls politischen Häftlingen - also mit rotem Winkel gekennzeichnete - die in das Außenlager Dora verlegt werden sollten, in dem in bestimmten Arbeitskommandos Todesraten bis zu 60% herrschten. Um dies zu bewerkstelligen, schrieben die in der Lagerstatistik arbeiteten Häftlinge andere sozialer Gruppen auf die Transportlisten und machten sich damit in den Augen der Anderen mitschuldig an den Verbrechen der SS.

---

277 DMD P1, Bd. 140.

278 Vgl. DMD – EB / HF-64.

279 Vgl. Fritz: Tatort KZ. S.117.

> „Im Konzentrationslager war Hilfe für alle unmöglich. Hilfe war immer Bevorzugung weniger. Um jedoch überhaupt helfen zu können und Schlimmeres zu verhüten, musste sich der Gefangene zum Komplizen machen. Es lag in der Funktionslogik des Systems, dass sie Solidarität an erzwungene Kollaboration knüpfte."[280]

Die Rettung von Häftlingen konnte nur durch 'Opfertausch' erfolgen. Aus diesem Grund befanden sich in M-D doppelt so viele als homosexuell eingestufte Gefangene wie politische Häftlinge, was angesichts der Gesamtzahlen der aus diesen Gründen Eingelieferten bemerkenswert ist. Auch viele der aus Auschwitz evakuierten „Zigeuner" wurden von den in Buchenwald in privilegierter und entscheidender Stellung befindlichen „Politischen" durch das Prinzip des „Opfertausches" weiter nach Dora geleitet, damit stattdessen keine von ihrer eigenen Gruppe, also aus politischen Gründen Verhaftete, abtransportiert würden.[281]

Das System erzwang eine Ambivalenz im Handeln und Verhaltens der Funktionshäftlinge. Die Funktionshäftlinge hatten zum Teil große Privilegien im Vergleich zu den übrigen Gefangenen z.B. regelten sie gewöhnlich die Zuteilung von den im Lager gängigen Gütern wie Nahrung, Kleidung und die medizinischen Versorgung durch Einweisung in den Häftlingskrankenbau (HKB), sodass sie in Berichten häufig mit „Lagerprominenz" oder „Lageraristokratie" betitelt werden. Sie standen einerseits unter dem ständigen Druck der SS, die ihnen die besonderen Vergünstigungen und Befugnisse jederzeit wieder abnehmen konnte, andererseits aber auch unter dem Druck der Mithäftlinge, die aufgrund ihrer Benachteiligung mehr zu leiden hatten.[282] In den Augen der SS hatten sich die Funktionshäftlinge durch hartes, kaltes und kompromissloses Vorgehen gegen die Mithäftlinge zu legitimieren. „Die Helfershelfer nahmen ihm [dem SS-Lagerapparat] die Detailarbeit ab und erhielten dafür befristeten Verfolgungsschutz."[283] Den Druck von Seiten der SS, dem die Funktionshäftlinge ausgesetzt waren und der von 'oben' kam, übertrugen sie nach 'unten' auf die in der Lagerhierarchie unter ihnen stehende Häftlinge.[284] In vielen Erinnerungstexten berichten die Überlebenden in diesem Zusammenhang von ihren Eindrücken, in denen die Kapos wie „wilde Bestien" - der Wahrnehmung nach sogar schlimmer als die SS - prügelten, Gewalt ausübten und mordeten. Dieser Umstand könnte durch die Tatsache Zustande gekommen sein, dass die SS im alltäglichen Lebens eines Häftlings weitaus weniger

280 Sofsky: Die Ordnung des Terrors: Das Konzentrationslager. S. 168.

281 Vgl. Mußmann, Olaf: „Bunte Lagerprominenz?". Die Funktionshäftlinge im Rüstungs-KZ Mittelbau-Dora. IN: Beiträge zur Geschichte der nationalsozialistischen Verfolgung in Norddeutschland. Heft 4. Abgeleitete Macht – Funktionshäftlinge zwischen Widerstand und Kollaboration. Bremen 1998. S. 89.

282 Vgl. Fritz: Tatort KZ. S.117.

283 Sofsky: Die Ordnung des Terrors: Das Konzentrationslager. S. 152.

284 Vgl. Schafranek, Hans; Streibel, Robert(Hg.): Strategie des Überlebens. Häftlingsgesellschaften in KZ und Gulag. Wien 1996. S.62.

präsent war, als die 'Gummiknüppel-schwingenden' Mithäftlinge, denen sie permanent ausgesetzt waren.[285]

Das Erzeugen eines Spannungsfeldes zwischen den Interessen der SS und den Häftlingen, die in den Funktionsposten kulminierten sowie das damit verbundene Mittragen der Schuld und der damit einhergehende Hass der Leidenden, der sich nun nicht mehr nur auf die SS, sondern auch auf die Kapos als Posteninhaber ausdehnte, war eine berechnete und geplante Methode des Terrors der SS, wie Himmler am 21.6.1944 vor Wehrmachtsgenerälen erläuterte:

> „Wir haben hier, das ist eine Einteilung die Obergruppenführer Eicke durchführte, der überhaupt diese Organisation dieses verdienstvollen Niederhaltens des Untermenschen geschaffen hat – so genannte Kapos eingesetzt. [...] In dem Moment wo er [der verantwortliche Häftling über eine Gruppe anderer - A.d.Vfs.] Kapo ist, schläft er nicht mehr bei denen. Er ist verantwortlich, dass die Arbeitsleistung erreicht wird, dass bei keinem eine Sabotage vorkommt, sie sauber sind, dass die Betten gut gebaut sind. [...] Er muß also seine Männer antreiben. In dem Moment, wo wir mit ihm nicht zufrieden sind, ist er nicht mehr Kapo, schläft er wieder bei seinen Männern. Daß er dann von denen in der ersten nacht totgeschlagen wird, das weiß er. Der Kapo bekommt bestimmte Vergünstigungen. Ich habe hier – das darf ich mit aller Deutlichkeit aussprechen – ja kein Wohlfahrtssystem auszudenken, sondern ich habe für Deutschland den Untermenschen von der Straße zu bringen und für die Arbeit, für den Sieg einzusetzen."[286]

Die Kapos befanden sich permanent in einem Zwiespalt, da sie um ihre eigenes Überleben zu sichern, mit ihren Peinigern, der SS, zusammenarbeiten bzw. deren Verhalten gegenüber den Häftlingen nachahmen und damit ebenfalls zu Peinigern der restlichen Gefangenen werden mussten, damit die SS sie nicht wieder degradierte.[287] Dies erhöhte wiederum die Abhängigkeit der Kapos von der SS und entfremdete sie noch weiter von der eigentlichen Häftlingsgesellschaft. Die so genannte „Häftlingsselbstverwaltung" war keineswegs selbst gewählt, sondern wurde von der SS befohlen und beaufsichtigt. Das System war ähnlich der allgemeinen SS-Struktur stark hierarchisiert. Vom Lagerältesten, der den 'Vorstand' über alle Häftlinge hatte, über Funktionshäftlinge, die mit den der wichtigsten Verwaltungsaufgaben betraut waren, über Blockälteste bis hin zum Stubenältesten war, das System nach dem Führerprinzip geordnet. Für die SS hatte dieses System viele Vorteile: Sie sparte Personal, der Einfluss der SS ragte tief in die Häftlings-

---

285 Außer bei Appellen, Transporten, Selektionen und Exekutionen war der Kontakt der SS mit den Häftlingen eher gering. Zumindest in den Fertigungskommandos waren zivile Vorarbeiter und Meister für die Bewachung zuständig, während die eigentlichen Lagerwachmannschaften gewöhnlich überhaupt keinen Zutritt zum Lager hatten. Vgl. Schafranek: Strategie des Überlebens. S. 57.

286 Zitiert nach Vgl. Fritz: Tatort KZ. S. 120.

287 Vgl. Sofsky: Die Ordnung des Terrors: Das Konzentrationslager. S. 31.; Pingel: Häftlinge unter SS-Herrschaft. S. 161.

gesellschaft hinein, das System machte die privilegierten Häftlinge zu Komplizen des Verbrechens und erzeugte eine Abhängigkeit dieser Häftlinge zur SS und verhinderten dadurch eine umfassende Solidarität zwischen der Gesamtheit aller Häftlinge.[288] Durch die Einsparung von Personal – viele SS-Männer mussten an die Front, wurde die Präsenz der SS im Lagergeringer, während gleichzeitig den Funktionshäftlingen eine noch gewichtigere Rolle zukam, da sie noch mehr Verwaltungsaufgaben übernehmen mussten.[289] Die SS versuchte gezielt die verschiedenen Häftlingsgruppen gegeneinander auszuspielen, meist betraf dies die mit grünem Winkel versehenen „Berufsverbrecher" sowie die 'roten' Politischen - beidc Gruppen in überwiegender Mehrheit Deutsche - indem man eine Gruppe bevorteilte durch Einsetzen in die vermeintlichen 'Ämter' und Funktionen und in gewissem Maße protegierte. Durch den gegenseitigen Kampf vor allem dieser zwei Häftlingsgruppen um die Posten, wurde der auf Seiten der SS bestehende Unsicherheitsfaktor, dass die Funktionsposten gegen ihre Interessen genutzt wurden, aufgewogen.[290]

Aufgrund der Tatsache der besseren Versorgung und Unterbringung und damit einer weitaus größeren Überlebenschance waren die Funktionsposten trotz der beschriebenen 'negativen Begleiterscheinungen' sehr begehrt und zumindest der freundschaftliche Kontakt zu einem Funktionshäftling spielte bei der Überlebensstrategie eine entscheidende Rolle. Die Frage, ob und wie ein Kapo sich über seinen eigenen Vorteil hinaus für andere Mithäftlinge einsetze - für Alle war Hilfe völlig unmöglich - und damit seine Bevorteilung riskierte, war durch die soziale und nationale Herkunft, die politische Orientierung, die Gründe seiner Inhaftierung und in großem Maße durch den persönlichen Charakter, bestimmt. Die Berichte über das Verhalten der Kapos bzw. Funktionshäftlinge sind häufig durch die beiden Stereotypen Selbststilisierung und Rechtfertigung durch Überlebende in entsprechenden Posten einerseits und Vorurteilen und Schuldzuweisungen von überlebenden nichtprivilegierten Häftlingen andererseits, geprägt. Der Zugang zu Posten in der „Häftlingsselbstverwaltung" bzw. allgemein zu Funktionsposten war abhängig von der Rangordnung der Häftlingsgesellschaft. Sofsky hat diesen Aspekt in der anschließenden Übersicht anschaulich gemacht:

288 Vgl. Sofky: Die Ordnung des Terrors: Das Konzentrationslager. S. 31.
289 Vgl. Pingel: Häftlinge unter SS-Herrschaft. S.159.
290 Vgl. Sofsky: Die Ordnung des Terrors: Das Konzentrationslager. S. 159.

Das soziale Feld

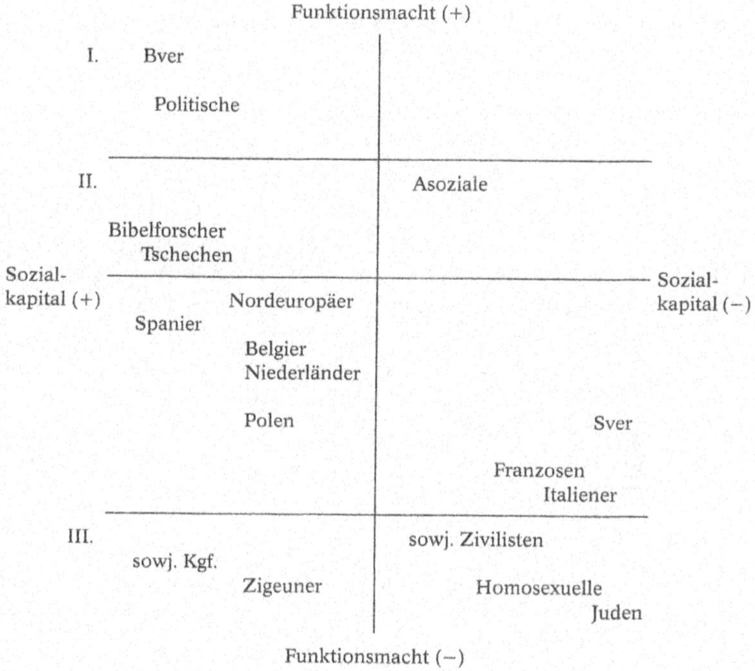

Aus: Sofsky: Die Ordnung des Terrors: Das Konzentrationslager. S. 150.

Nur die in der I. Kategorie der soziale Rangordnung befindlichen „Bver“ und „Politischen“ hatten Zugang zur Spitze der Häftlingsposten und bildeten die „Lagerprominenz“. Die Häftlinge der oberen II. Kategorie hatten ebenso gute Chancen, einen entsprechenden Funktionsposten zu ‘ergattern’ und in der „Lageraristokratie“ vertreten zu sein, während die untere Hälfte dieser Gruppe bereits viel Glück bzw. gute Kontakte und Strategien benötigte, einen aussichtsreichen Posten zu bekommen. Der Zugang zu den Funktionsposten für die in der untersten Klasse des sozialen Feldes befindlichen Häftlinge in den Konzentrationslagern war nahezu ausgeschlossen. Dass es vor allem in M-D auch Ausnahmen von der beschriebenen Rangordnung der Häftlingsgesellschaft sowie von der strikten Zugangsbeschränkung zur Funktionsmacht innerhalb des sozialen Feldes gab, wird im Unterkapitel 3.2.1 noch einmal aufgegriffen.

3.2 Lebens- und Arbeitsbedingungen in Mittelbau-Dora

3.2.1 Produktionskommandos / Baukommandos

Während der letzten Phase der Rüstungsproduktion und wirtschaftlicher Ausrichtung in den Lagern, setzten sich individuelle Fähigkeiten und Fachqualifikationen gegenüber der von der SS bestimmten rassebiologischen, sozialen und ideologischen Hierarchie der Häftlingsgesellschaft in M-D durch. Auch wenn deutsche Häftlinge immer noch bevorzugt wurden, war es nun auch Häftlingen anderer Nationen und Gruppen, selbst den am unteren Ende der Hierarchie stehenden Juden und „Zigeunern" möglich, in gute Arbeitskommandos und Funktionen zu kommen und sogar Kapoposten zu erlangen. Im HKB arbeiteten z.B. sieben Juden als Funktionshäftlinge, während in Ellrich und Harzungen einige „Zigeuner" als Kapos oder als Lagerschutz tätig waren, was nach ursprünglicher nationalsozialistischer Konzeption und Hierarchie unmöglich gewesen wäre.[291]

Neben der beruflichen Qualifikation, spielten die Sprachkenntnisse ebenso eine wichtigere Rolle wie die SS-Hierarchie der Häftlingsgesellschaft, da durch die Vielfalt an verschiedenen Nationen und damit Sprachen, eine produktive Arbeit in den Fertigungskommandos nicht gewährleistet war. Wer also deutsch in gewissem Maße beherrschte, konnte zumindest die Anweisungen der zivilen Meister und Vorarbeiter verstehen und befolgen und bekam meist einen besseren Arbeitsplatz. Neben Deutschkenntnissen waren aufgrund der ethnischen Verteilung im Lager, polnische und französische Sprachkenntnisse von Vorteil, da diese Voraussetzungen gute Möglichkeiten boten, in äußerst begehrte Kommandos wie in die Arbeitsstatistik, in andere Lagerverwaltungseinrichtungen oder in die Position von Dienstboten zu gelangen. Die Arbeit dort war körperlich nicht anstrengend, man konnte während der Arbeit häufig sitzen und war in oftmals geheizten Räumen vor der Witterung geschützt. Zu diesen - angesichts der Umstände in anderen Arbeitskommandos - sehr für ein Überleben vorteilhaften Privilegien, kam der Umstand, dass man von anderen Häftlingen Zuwendungen und Tauschwaren bekam, damit man diese z.B. in bessere Kommandos einteilte.[292]

Die Selektion nach fachberuflicher Qualifikation und Mehrsprachigkeit als wichtigstes Kriterium ist nur in M-D bzw. für M-D durchgeführt worden und dement-

291 Vgl. Mußmann: „Bunte Lagerprominenz?". S. 82.

292 Vgl. DMD P1, Bd. 97.

sprechend auffallend. Denn in anderen KZ spielten vorherige Haftdauer und vor allem der Haftgrund bzw. die Haftursache ebenso eine entscheidende, wenn nicht gar noch gewichtigere Rolle bei der Selektion.[293] Trotz der Aufweichung der Hierarchie bleibt festzuhalten, dass die SS, aber auch Teile der Häftlingselite in den gehobenen Funktionsposten, der ursprünglichen Einteilung nach, vornehmlich „Zigeuner", Juden sowie französische und russische Häftlinge in den schlimmsten und schwersten Kommandos im Stollenvortrieb und bei Erdarbeiten einsetzte.

Die beschriebene Eigenart der Selektionen für M-D, wurde auch von den in unterschiedlichen Lagern, hauptsächlich natürlich in Buchenwald befindlichen Häftlingen registriert, so dass sich dabei ebenso wie bei den Selektionen der in Dora ankommenden „Evakuierungstransporten" eine maßgebliche Überlebensstrategie herauskristallisierte. Das Angeben eines bestimmten Berufes vor allem im handwerklichen und technischen Bereich, den man angeblich hätte, obwohl man in diesem Feld oft überhaupt keine Ahnung hatte, konnten das Überleben bereits wahrscheinlicher machen, da man anstatt in die berüchtigten Bau- oder Erdarbeiterkommandos, nun in einem Fertigungskommando eingesetzt wurde, wo der Häftling einen gewissen Wert für die SS besaß.[294] Viele Überlebende bewerteten diese angewendete Methode als für sie lebensrettend. So z.B. auch Aimé Bonifas, der von 'alten' Häftlingen erfahren hatte, dass er bei der Berufsfrage auf keinen Fall Student angeben sollte, da dies zu den berüchtigten Erdarbeiterkommandos geführt hätte. Er gab sich stattdessen als Stubenmaler, später bei weiteren Befragungen bzw. Selektionen auch als Ingenieur, Maler, Mechaniker und Elektriker aus, also alles handwerklich-technische Berufe, die in der Lagerwirtschaft oder in der Rüstungsfertigung benötigt wurden.[295] Wie gut oder wie schlecht ein Arbeitskommando war, hing letztendlich in großen Teilen vom aufsichtführenden Kapo und dessen Umgang mit seinen Mithäftlingen ab. Eine große Rolle spielte hierbei neben der allgemeinen Menschlichkeit der Haftgrund des Kapos. Ewald Hanstein z.B. beschreibt einen Kapo, der ihn aus ihm unerfindlichen Gründen sympathisch fand und ihn in ein leichteres Arbeitskommando einteilte.[296] Gawalewicz schildert ein Erlebnis, bei dem er, um die leichte und vorteilhafte Arbeit - Möglichkeiten für das Ergattern zusätzlicher Nahrung waren während dieser Arbeit vorhanden - als Kaffeekoch bekommen zu können, dem Oberkapo eine Mordgeschichte erfinden und plausibel beschreiben musste. Denn dieser nahm durch Anpreisung eines Freundes von Gawalewicz an, er sei ein „Grüner", der einen Polizisten ermordet hatte und nur fälschlicherweise zufällig den roten Winkel bekommen hatte. Das Vorspielen dieser falschen Geschichte gelang und Gawalewicz hatte mit dieser

293 Vgl. Mußmann: „Bunte Lagerprominenz?". S. 90.

294 Vgl. Mußmann: „Bunte Lagerprominenz?". S. 91.

295 Vgl. Bonifas: Häftling 20801. S. 72.

296 Vgl. Hanstein, Ewald: Meine hundert Leben. Erinnerungen eines deutschen Sinto. Bremen 2005. S. 68.

Lüge die Chancen für sein Überleben erhöht.[297] Obwohl es Ausnahmen gab, kann man tendenziell sagen, dass ähnlich wie in anderen KZ in M-D die „roten Politischen“ humaner und solidarischer gegenüber ihren hierarchisch untergebenen Mithäftlingen auftraten als die „grünen Kriminellen“ die oft als sadistische brutale Schläger beschrieben werden.

Das absichtliche Verlangsamen der Arbeit war eine häufig praktizierte Taktik um die Überlebenschancen zu erhöhen. Dies geschah weniger um die Produktion zu hemmen und damit eine gewisse Form von Sabotage vorzunehmen, sondern vielmehr um mit seinen Kräften zu haushalten, was aufgrund der Unterernährung und Entkräftung entscheidend sein konnte. Einen anderen individuellen Trick zum ‘Kräftehaushalten’ beschrieb Otto Rosenberg. Er fand bei seiner Arbeit im Erdarbeiterkommando eine spezielle Schaufel, die ein nur halb so großes Schaufelblatt wie eine normale Schaufel besaß. Er versteckte sie täglich nach der Arbeit, um sie am nächsten Tag wieder zu holen, da die Arbeit damit aufgrund der geringeren Größe viel leichter und weniger anstrengend war und er dadurch Kräfte sparen konnte.[298]

Das Stehlen von Gebrauchsgegenständen und Kleinteilen aus dem Werk diente primär dem Zweck, das eigene Überleben durch spätere Tauschgeschäfte mit Nahrung oder Kleidung oder aber durch eigene Anwendung zu sichern bzw. zu verlängern.[299] Die SS bezichtigte bei Entdeckung eines solchen Diebstahls oder ebenso bei sehr langsamen Arbeiten den Häftling immer pauschal der Sabotage und verhängte nicht selten den Tod durch Erhängen als Strafe. Die unterschiedlichen Bedingungen der Fertigungs- und Baukommandos führte zu einem „[...] starken Gefälle der Überlebenschancen und der realen Möglichkeit, das eigene Schicksal zu beeinflussen“[300]. Die Arbeit in der Raketenfertigung oder ähnliche Tätigkeiten in den unterirdischen Rüstungsbetrieben schützten die Häftlinge jedoch nicht grundsätzlich vor den üblichen Misshandlungen und Übergriffen, denn viele zivile deutsche Vorarbeiter und Meister schlugen und traten ebenso wie die Kapos und die SS im Lager, auf dem Arbeitsweg oder in den Baukommandos. Dies geschah, obwohl laut Anordnung bei ‘Vergehen’ der Häftlinge der Werksleitung Meldung gemacht werden sollte, die dann das Strafmaß über die SS, jedoch außerhalb der Arbeitszeit und des Werkes, verhängen und ausführen ließ.[301] Das „mit den Augen arbeiten“ wurde zur wichtigsten Vorgehensweise, das

297 Vgl. Gawalewicz, Adolf: Überlegungen im Warteraum zum Gas. Aus den Erinnerungen eines Muselmannes. Gütersloh 1998. S. 124.

298 Vgl. Rosenberg, Otto: Das Brennglas. Frankfurt am Main 1998. S. 89.

299 Vgl. Bornemann: Aktiver und Passiver Widerstand im KZ Dora und im Mittelwerk. S. 13.

300 Fiedermann: Mittelbau Dora. S. 36.

301 Vgl. Fiedermann: Mittelbau Dora. S.38.

'Kräftehaushalten' durchzuführen.[302] Nur so ließ sich das Risiko verringern, beim Innehalten der Arbeit erwischt zu werden, was mindestens zahlreiche Schläge, aber auch die Exekution - wegen vermeintlicher Sabotage - zur Folge haben konnte.

3.2.2 Appell

Während die SS in der 1. Phase von Mittelbau-Dora auf die aus anderen Lagern bekannte Tortur der Appelle verzichtete - jedoch nicht aus humanen moralischen sondern aus ökonomischen Gründen - wurden ab der 2. Phase die Appelle ebenso zur täglichen Tortur für die Häftlinge. Zwar gab es montags bis samstags nur Appelle der jeweiligen Arbeitkommandos, dennoch wurde der Appell und das Strammstehen vor- und nach der Arbeit zu einem weiteren Terror- und Folterinstrument der SS. Bei jeder Wetterlage wurden die Häftlinge gezählt. Währenddessen ging die SS durch die Reihen und suchte sich Opfer, die nach ihren Vorstellungen nicht die korrekte Körperhaltung hatten, oder mangelhafte Kleidung aufwiesen. Diese Unglücklichen wurden mit Schlägen und Tritten malträtiert. Die Unterernährung, die Witterung vor allem im Winter bei klirrender Kälte und die allgemeine körperliche Erschöpfung führten dazu, dass unzählige Häftlinge beim Appell einfach umfielen und starben. Da die Arbeit pünktlich beginnen sollte, dauerte der Morgenappell viel kürzer als der Abendappell, der sich häufig über mehrere Stunden hinzog, während die entkräfteten Häftlinge der abendlichen Suppenausgabe und einer Bettstelle entgegen sehnten. Um ein vielfaches schlimmer war jedoch der Generalappell des gesamten Lagers am „arbeitsfreien“ Sonntag. Dieser dauerte oft vier bis sechs Stunden, teilweise sogar über zehn Stunden bei dem die Häftlinge die komplette Zeit auf der selben Stelle, im Winter im tiefen Schneematsch ebenso wie bei Regen im tief aufgeweichtem Boden, stehen mussten, während die SS mehrmals Wachablösung hatte und sich vergnügte. Die Sterbenden und über Nacht Verstorbenen mussten von den Mithäftlingen zum Appell mitgeschleift werden, damit die Zahl der Lagerstärke stimmte. Die oft im Lager grassierende Ruhr, aber auch allgemein der lange Zeitraum des Stehens, führten dazu, dass man sich in die Hosen machen musste. Ein Verlassen des Appells zur Latrine war nicht gestattet. Angesichts des nur äußerst selten vorkommenden Wäschewechsels, war die ohnehin schon vom Dreck schmutzige Kleidung der Häftlinge bald mit Exkrementen durchtränkt. Das Ziel das Appells war zum einen Darstellung der totalen Macht und Kontrolle des Lagers - neue Lagerregeln wurden dabei verkündet und Strafen und Exekutionen vollzogen - zum anderen diente die Überprüfung der Vollzähligkeit, um die Sterbe- wie auch möglicher Fluchtzahlen zu ermitteln. Wenn die vorgegebene Zahl nicht ermittelt wer-

302 Vgl. DMD P1, Bd. 51.

den konnte, wurde wieder und wieder gezählt, bis sie übereinstimmte.[303] Die richtige Anzahl zu ermitteln, gestaltete sich häufig als sehr schwierig, denn wenn in dunklen Ecken, in der Latrine oder sonst an abgelegenen Stellen ein bedauernswerter Häftling einsam verstorben war, fand man diese Leichen erst nach langer und schwieriger Suche.

3.2.3 Ernährung

In keinem Überlebensbericht fehlen Schilderungen des permanenten quälenden Hungers und Beschreibungen des extrem dürftigen Essens, welches den Häftlingen ausgegeben wurde, was M-D nicht immer regelmäßig der Fall war. Die grundsätzlichen Ernährungssätze für die KZ legte das Reichsministerium für Ernährung und Landwirtschaft fest. Der Lagerkommandant erhielt daraufhin je nach gemeldeter Lagerstärke Bezugsscheine, die er bei den regional ansässigen Firmen selber umsetzen musste.[304] Zu bemerken ist, dass die täglich festgesetzte Essensration in keinem Konzentrationslager erreicht wurde. Dies lag unter anderem daran, dass die Nahrung erst die gesamte Lagerhierarchie mitsamt der SS durchlief, wo sich jedes Klientel zunächst bediente, so dass bei den am Ende der Hierarchie befindlichen Häftlinge nur die schlechtesten Reste ankamen, die in ihrer Menge und im Nährstoffgehalt nie ausreichten. Die Zuteilungen und Lieferungen an die Lager waren auch ohne diese Plünderungen unzureichend. Ohne zusätzliche Nahrungsmittel war man mittel- und langfristig in M-D dem Tode geweiht, denn die ausgegebenen Rationen waren niemals genug, ein Weiterleben mit täglicher zwölfstündiger Arbeit auf Dauer zu ermöglichen. Die Haupttodesursache in M-D war daraus folgend die Hunger-Kachexie.[305]

Die tägliche Ration war nach Arbeitskommandos unterschiedlich. Die Grundversorgung bestand aus einer dunklen Brühe als einer Art Kaffeeersatz, einer Scheibe Brot (200g), Margarine (25g) und manchmal einen halben Löffel Marmelade oder einer dünnen Scheibe Leber- oder Grützwurst am Morgen. Eine Schale Steckrübensuppe, die jedoch hauptsächlich aus purem Wasser bestand, am Mittag sowie abends noch einmal eine Schale 'undefinierbarer Brühe'. Im Lageralltag wurde an manchen Tagen aus verschiedenen Gründen noch weniger oder sogar nichts ausgegeben bzw. bekamen manche Arbeitskommandos nur einmal am Tag Essen. Das ausgegebene Brot war nicht mit dem herkömmlichen Brot vom Bäcker zu vergleichen. In großen Mengen bestand es aus Kartoffelmehl, Rübenkraut oder

303 Vgl. Rassinier: Die Lüge des Odysseus. S. 75.

304 Vgl. Pingel: Häftlinge unter SS-Herrschaft. S. 134.

305 Vgl. Tauke, Oliver: „Genesung" und „Selektion". Zur Funktion der Häftlingskrankenbauten im KZ-Komplex Mittelbau-Dora. Unveröffentl. Hausarbeit im Rahmen der Ersten Staatsprüfung für Lehramt an Gymnasien. Göttingen 1996. S. 67.

Eicheln. Nicht selten wurde sogar Holzsägemehl als Backgrundlage verwendet. Der durchschnittliche Nährwert dieser Nahrung pro Tag betrug 700-800 Kalorien, während wegen der Schwere der Arbeit mindestens 3.000 Kalorien nötig gewesen wären.[306] Während der Überfüllung des M-D-Komplexes im Zuge der „Evakuierungen" war selbst diese ungenügende Grundversorgung nicht täglich zu erlangen und wurde noch gekürzt. Wie man sich das Verteilen der Rationen vorstellen muss, beschreibt ein Häftling sehr eindringlich:

> „Eine neue Schlacht bahnte sich an, als es Suppe gab, die aus einer Ecke Saales geholt werden musste. Als die Verteilung begann war man einem neuen Sturm ausgesetzt, noch gefährlicher als der vorhergehende, denn man riskierte, jetzt Schläge mit dem Stock auf den Kopf [...] Jeder will sich nach vorne drängeln, und alle wollen zum Sturm auf die kostbare Flüssigkeit antreten. Die Kapos drängten die Menschenmasse zurück, indem sie wahllos dazwischen schlugen. Die wogende Masse wich langsam zurück, dann, als sich wieder alles geordnet hatte, begann sie von neuem vorwärts zu stürzen, und die Schläge der Kapos sausten erneut dazwischen. Diese Ebbe und Flut setzte sich ohne Unterbrechung fort, bis die Verteilung beendet war."[307]

Der beißende Hunger war wichtiger Antrieb neuer Verhaltensweisen, mit denen die Häftlinge versuchten, ihr Weiterleben zu ermöglichen. Fast sämtliche Denk- und Handlungsausrichtungen wurden vom viel beschriebenen „Kampf um das Brot" und vom nie endenden Hunger beherrscht.[308] Aus diesem Zusammenhang heraus, wurde der Tauschhandel zum wichtigsten Handlungsgegenstand des sozialen Miteinanders im Lager. Der Besitz einer Ware zum Tauschen gegen Nahrung - gewöhnlich war dies in M-D ohnehin nur etwas Brot oder eine dünne Wassersuppe - war hierfür natürlich Vorrausetzung. Da den Häftlinge jedoch alles abgenommen worden war, wurde das „Organisieren", also das Stehlen entweder von den Vorratsstellen, während der Arbeit, sofern man in einem günstigen Kommando tätig war, oder von den Mithäftlingen zur normalen, in Anbetracht der unmenschlichen Lagerzustände moralisch nicht zu bewertenden Methode, sein Überleben zumindest kurzfristig zu sichern.[309] Brot, eine Schüssel Suppe oder Zigaretten wurden zur Währung, die für alle weiteren lebensnotwendigen Gegenstände z.B. gute ausreichende Kleidung oder ein Essgeschirr in bestimmter Menge als Zahlungsmittel dienten. Welcher Mangel z.B. an dem überlebens-notwendigen Essgeschirr bestand - ohne das Geschirr konnte man keine Getränke oder Suppe erhalten - verdeutlichen die Zahlen, die ein Häftling, der als Zeuge und Sachverständiger in dem Dachauer und Essener Dora-Prozess auftrat, angibt:

306 Vgl. Tauke: „Genesung" und „Selektion". S. 68.
307 DMD P1, Bd. 98.
308 Vgl. Dieckmann: Die nationalsozialistischen Konzentrationslager. S. 841.
309 Vgl. DMD P1, Bd.1, Dok. 14.

In Ellrich und Harzungen fehlten zum Zeitpunkt des 27.6.1944 für die 5.237 Häftlinge, 3.156 Schüsseln und 417 Löffel.[310]

Nur wenigen Häftlingen war es möglich, sich mit dem eingeführten Lagergeld als Prämie für leistungsstarkes Arbeiten in der Kantine zusätzliches Essen zu kaufen.[311] Zum einen lag dies daran, dass in der Kantine selten überhaupt Speisen im Angebot waren, meist gab es gar nichts oder nur Tabak, der sich wiederum als Tauschmittel einsetzen ließ. Zum anderen wurde das Lagergeld nur äußerst selten ausgegeben, und wenn dies geschah, bedienten sich die Kapos und Funktionshäftlinge sehr oft daran, so dass das Lagergeld die Häftlinge nur in wenigen Fällen erreichte. Abraham Biderman beschreibt den glücklichen Umstand, als er in einem Block unter dem Tisch verstecktes Lagergeld fand und sich damit Nahrung besorgen konnte, die ihm das Weiterleben ermöglichte.[312]

Die Arbeit in einem Kommando der Lagerküche wurde zum begehrtesten Arbeitsplatz, da man zum einen eine zusätzliche Ration bekam und zum anderen hier die beste Gelegenheit zum „Organisieren“ bestand. Unter den Häftlingen herrschte ein permanenter Konkurrenzkampf um diese Posten außerhalb der für die meisten unerreichbaren „Lageraristokratie“:

> „Ob man ein gutes oder ein schlechtes Kommando hat, ist eine Glücksfrage, für welche Verbindungen zur Arbeitsstatistik sehr günstig sind: die Jagd nach einem guten Kommando ist Sorge aller Häftlinge und wird ständig unter Benutzung von Waffen und Mitteln ausgeübt, die mit der menschlichen Würde höchst unvereinbar sind.“[313]

Die Überlebenden berichten, dass sich ein Großteil der Gespräche zwischen den Häftlingen um das Essen drehte. Wobei nicht über die realen Bedingungen gesprochen wurde, sondern man sich die üppigsten und tollsten Menüs erdachte. Wie ein regelrechter Wettbewerb übertrumpften sich die Menschen im Erfinden von Mahlzeiten mit Rückgriff auf die in der Vergangenheit geliebten Speisen. Diese Methode hatte ambivalente Auswirkungen. Zum einen konnte diese Rückbesinnung mit gleichzeitiger Zukunftsvision erhebliche depressive Schübe bis hin zum Fall in Hoffnungslosigkeit und zur völligen Selbstaufgabe führen. Zum anderen konnte dieses Ausmalen und Aufbauen einer Vision auch als kraftschöpfendes Motiv zur Willensstärkung im Überlebenskampf führen. Nur wenige Überlebende beschreiben diese Handlung der 'Mahlzeitenerfindung und geistiger Verspeisung' als aktive Strategie zum Überlebens, sie taucht zwar in fast allen Berichten auf,

---

310 Vgl. DMD – EB / HP-81.

311 Vgl. DMD P1, Bd. 132.

312 Vgl. Biderman, Abraham: The world of my past. Australia 1995. S. 285.

313 Rassinier: Die Lüge des Odysseus. S. 101.

wird jedoch als alltägliche Lagererscheinung nicht in besonderem Maße betrachtet oder hervorgehoben.

In einigen Arbeitskommandos, die außerhalb der Lager arbeiteten, war es den Häftlingen möglich zusätzliche Nahrung zu sammeln. Bucheckern stellten eine vergleichsweise nahrhafte Ergänzung dar, da sie viel Öl enthielten und deswegen von den Häftlingen heimlich gesammelt und gegessen wurden. Auf dem Weg zur Arbeit nutzten einige Häftlinge auch unbeobachtete Momente und aßen Gras, Löwenzahn und Schnecken gegen den peinigenden Hunger oder sammelten Brombeerblätter, die man sich später in die Wassersuppe tat. Selbst aus Baumrinden wurden Aufgüsse angefertigt, um den Hunger zu stillen.[314] Mouton besaß während seiner zeitweiligen Arbeit als Läufer - also vornehmlich Überbringer von Nachrichten oder Gütern - die Möglichkeit, von den Wachhunden im SS-Lager, Fleisch zu „organisieren“, womit er sich stärken konnte.[315] Obwohl über das Verhalten der SS in den Berichten mehrheitlich von ihrer mitleidlosen, menschenverachteten Haltung und brutalen Misshandlungen geschrieben wird, erwähnen einige Häftlinge, wie z.B. auch Gawalewicz, dass ihre SS-Wachen für sie absichtlich Brot verloren oder ihnen - in von anderen SS-Wachen unbeobachteten Momenten - direkt Brot, Suppe oder andere Nahrung gaben.[316] Angesichts der kärglichen immer geringer werdenden Rationen und der dauerhaften Unterernährung, kam es im Februar 1945 in Ellrich zu Fällen von Kannibalismus.[317] Die von der SS forcierte Entmenschlichung einiger Häftlinge hatte damit einen neuen Höhepunkt erreicht.

3.2.4 Kleidung

Die gestreifte Häftlingskleidung, welche die Gefangenen meist bereits in anderen Lagern nach der Desinfektion bekommen hatten, war für die harte Stollenarbeit in M-D ebenso wie für die Wetterverhältnisse im Herbst und Winter völlig ungenügend. Die häufig zu großen oder zu kleinen Kleidungsstücke - auf entsprechende Konfektionsgröße wurde bei der Zuteilung nicht geachtet - zerschlissen aufgrund der Arbeits- und Lebensbedingungen sehr schnell. Ein 'vollständiger' Satz Häftlingskleidung bestand aus Hemd, Unterhose, Pullover, Jacke, Hose, Mütze und ein Paar Schuhen. Nicht selten waren nicht genug Kleidungsstücke vorhanden, weswegen man Glück haben musste, entsprechende Kleidung zu bekommen, da die SS nicht daran dachte, bei Mangel an Häftlingskleidung, die vorhandenen den Menschen vorher abgenommenen Zivilkleider auszugeben. Vor allem bei der ge-

314 Vgl. DMD P1, Bd. 1, Dok. 16, DMD P1, Bd. 45, DMD P1 Bd. 131, DMD – EB / HF-64.

315 Mouton: Unverhoffte Wiederkehr aus dem Harz. S. 149.

316 Vgl. Gawalewicz: Überlegungen im Warteraum zum Gas. S. 125; DMD P1, Bd. 1, Dok. 12.

317 Vgl. Sellier: Zwangsarbeit im Raketentunnel. S. 260.

fährlichen Stollenarbeit auf spitzen Steinen und Kanten, waren gute Schuhe eine wichtige Vorrausetzung um nicht verletzt zu werden, was durch die verheerenden Bedingungen und Versorgung im Lager mitunter schon den Tod nach sich ziehen konnte. Einem Häftling gaben seinen Schuhe daher „Vertrauen und Kraft im Kampf gegen das ständige Unglück.“[318]

In Ellrich waren im Dezember 1944 derart wenige Kleidungsstücke vorhanden, dass mit dem Wechsel der Arbeitsschicht auch die Kleidung gewechselt werden musste. Während die Arbeitsschicht die verdreckte und verlauste Kleidung anhatte, musste sich die ruhende Schicht nur mit Unterwäsche bekleidet in den kalten unbeheizten Baracken aufhalten.[319] Der Verbreitung ansteckender Infektionen und Krankheiten war durch diese unmenschliche Methode Tür und Tor geöffnet. Es bestand deswegen so gut wie keine Möglichkeit, für an Felskanten oder Steinen aufgerissene Kleidung, Ersatz zu bekommen oder die Gelegenheit zu haben, sie zu reparieren. Da keine Wechselkleidung ausgegeben wurde, mussten die Häftlinge dieselben Sachen über Wochen oder Monate tragen, die vollkommen mit Schmutz, Fäkalien, Ungeziefer und Dreck durchdrungen war. Um den gröbsten Schmutz zu beseitigen und sich moralisch aufrecht zu halten wuschen einige Häftlinge die Kleidung im Winter im Schnee. Nur privilegierte Funktionshäftlinge besaßen Tauschwerte, um sich einigermaßen saubere und instandgesetzte Kleidung zu erhandeln. Wenn man keine gute Beziehungen zu Häftlingen in Kommandos der Schneider oder Schusterei hatte, die einigermaßen intakte Kleidung besorgen konnten, blieben nicht selten nur zwei Alternativen, um den Mangel zu beheben. Entweder man „organisierte“ sich Kleidung - analog zur Nahrungsbeschaffung durch Stehlen - oder man erzeugte zusätzliche Kleidungsstücke bzw. besserte die alten mittels eigener Methoden aus. Ähnlich den Küchenkommandos, war ein Posten in den ‘Kleidungskommandos’ stark begehrt, da sich durch „organisieren“ leicht Tauschmaterial bzw. für sich selber gute Kleidung ergattern ließ und man durch selektive Besserbehandlung Einzelner bei der Wäscheausgabe vorteilhafte Beziehungen knüpfen konnte.

Eine unter den Häftlingen weit verbreitete Methode war das Tragen eines zerrissenen Zementsackes als Unterkleidung zum Schutz gegen die Kälte. Die Kapos und die SS kannten nach kurzer Zeit ebenso diese Möglichkeit und kontrollierten die Kolonnen der Menschen durch Schläge mit ihren Knüppeln auf den Rücken. Raschelte es durch den Papiersack verdächtig, wurde das Opfer der Sabotage bezichtigt, was die Hinrichtung nach sich zog.[320] Trotz dieser massiven Todesbedrohung beschreiben sehr viele Überlebende, dass diese Strategie angewandt wurde bzw. sie diese selbst anwandten. Analog zum Zementsack, benutzten die Häft-

318 Vgl. DMD P1, Bd. 51.

319 Vgl. Wagner: Produktion des Todes. S. 471.

320 Vgl. Fiedermann: Mittelbau Dora. S. 39.

linge Draht aus der Fabrik, um ihre Schuhe zu binden. Obwohl die SS diese Ausbesserung der Kleidung ebenso als Sabotage bestrafte, wanden sehr viele Häftlinge diese Methode an. Die durch Mangel hervorgerufene Improvisation konnte sich als lebensrettend erweisen. Der Sinto Otto Rosenberg z.B. fertigte sich, als er überhaupt keine Schuhe besaß, aus Pappe und Draht eigene Schuhe an und stellte sich zusätzlich aus einer Decke noch Fußlappen her.[321]

3.2.5 Kontakt mit der Außenwelt

Obwohl das Konzentrationslager eine eigene isolierte Welt, einen eigenen „Kosmos“ darstellte, waren die Berührungspunkte mit der Gesellschaft und Bevölkerung gerade in der letzten Phase des Krieges mit der Genese unzähliger Außenlager, in großer Anzahl vorhanden.[322] In M-D arbeiteten zudem noch sehr viele deutsche zivile Meister, Techniker und Vorarbeiter in den geheimen Rüstungsfabriken. Obwohl es, wie bereits erwähnt, auch von ziviler Seite aus zu Verachtung und Misshandlungen der Häftlinge kam, lassen sich in fast allen Überlebendenberichten positive Erfahrungen finden. Der Überlebende Paul Rassinier z.B. beschreibt einen Meister, der bei Abwesenheit der SS und der Kapos nichts sagte - was für ihn mit sehr hohem KZ-Einweisungsrisiko verbunden war - wenn die bei ihm beschäftigten Häftlinge überhaupt nicht arbeiteten. Über diesen ungewöhnlichen Umstand war es Rassinier möglich, die Taktik des ‘Kräftehaushaltens’ sehr gut und nachhaltig einzusetzen.[323] Eine ähnliche Erfahrung hatte André Mouton gemacht, der einen österreichischen Meister hatte, von dem er ab und zu Brot bekam. Entscheidender war jedoch, dass der Meister Mouton und einen russischer Mithäftling gewähren ließ bzw. sich sogar beteiligte, als sie sich aus Raketenteilen, an denen sie zu arbeiten hatten, eine Art Höhle bauten, die von außen nicht einzusehen war und in der sie während der Arbeit immer abwechselnd schlafen konnten, während die anderen beiden Wache schoben. Dieser Umstand war ausschlaggebend für den Erhalt seiner Kraft gewesen.[324] Rosenbach hingegen berichtet von seinem zivilen Vorarbeiter, dass dieser ihm in ein leichtes Arbeitskommando verhalf und ihm öfters heimlich Brot zusteckte. Das heimliche Zustecken von Nahrung durch zivile Arbeiter ist eine Tatsache, die in vielen Berichten, neben dem Faktum, dass auch viele zivile Arbeiter Häftlinge misshandelten, auftaucht.[325]

---

321 Vgl. Rosenberg: Das Brennglas. S. 86, 90.

322 Sofsky: Die Ordnung des Terrors: Das Konzentrationslager. S. 22.

323 Vgl. Rassinier: Die Lüge des Odysseus. S. 97.

324 Vgl. Mouton: Unverhoffte Wiederkehr aus dem Harz. S. 107 f.

325 Vgl. DMD P1, Bd. 17, Dok. 8, DMD P1, Bd. 96, DMD P1, Bd. 132, DMD – EB / HR-13.

Den meisten Gefangenen in M-D war es gestattet, in bestimmten Zeitabständen Briefe und Postkarten an ihre Familie zu verschicken. Ausgenommen hiervon waren die russischen Häftlinge sowie die französischen und belgischen „Nacht-und-Nebel-Häftlinge“.[326] Obwohl alle Postsendungen zensiert wurden, so dass fast nur Standartfloskeln verschickt werden konnten und alle Post in deutscher Sprache verfasst sein musste, bedeutete dieser Umstand für viele eine psychologische Stütze.[327] Da sie auch Briefe und Pakete empfangen konnten, wussten die Häftlinge und ihre Angehörigen zumindest zum Teil etwas über ihr Schicksal und Befinden. Diese Postsendungen stellten einen kraftgebenden Hoffnungsaspekt dar, der in sehr vielen Berichten mit „Nahrung für die Seele“ umschrieben und als entscheidende Antriebskraft des Willens zum Weiter- und Überleben beschrieben wird.[328] Neben diesem psychologischen Aspekt konnte das Erhalten von Paketen in materieller Hinsicht überlebenswichtig sein. Denn obwohl sich die Häftlinge des Postkommandos ebenso aus den Paketen bedienten wie die SS, danach die Häftlinge der Verteilungskommandos im Lager und schließlich die Block- und Barackenältesten, blieben manchmal noch Reste des Inhaltes übrig. Gewöhnlich fehlten in den Paketen jedoch bereits große Teile der mitgeschickten Nahrungsmittel und guter Kleidung, aber andere Gegenstände konnten als Tauschwert enorm nützlich sein, im eigenen Alltag Verwendung finden und Medikamente konnten der eigenen Genesung helfen. Das Internationale Rote Kreuz verschickte Tausende Pakete an die Gefangenen in den Konzentrationslagern. Ein dritter Gesichtspunkt machte die Pakete zu einem Faktor des Überlebens, auch wenn dieser eher unbeabsichtigt war. Denn die Pakete stellten eine gewisse Schutzwirkung dar, wer regelmäßig und oft gut gefüllte Pakete erhielt, sollte aus Sicht der Plünderer nicht sterben, da ja dann ihre Einnahmequellen versiegen würden. Zwar kam es daraufhin zu keinen direkten Hilfsakten oder ähnliches, jedoch wurde der Paketempfänger weniger oft misshandelt, bekam etwas mehr Inhalt in seine Suppenschüssel oder wurde seltener zu Strafarbeiten auserkoren u.ä.

Rassinier beschreibt seine Taktik beim Erhalt der ersten, nicht vollständig geplünderten Pakete. Er gibt seinem Blockältesten unaufgefordert einen sehr großen Anteil aus den Paketen und fragt zusätzlich noch, ob er einen Solidaritätsbeitrag für alle Häftlinge leisten soll. Als Folge dieser Bestechung notierte sich der Funk-

326 Als NN-Häftlinge wurden diejenigen bezeichnet, die aufgrund von vermeintlicher oder tatsächlicher Widerstandstätigkeit gegen die deutsche Besatzungsmacht verhaftet und zu einem späteren Zeitpunkt in die Konzentrationslager verschleppt wurden. Das besondere an diesen Häftlingen ist, dass sie keinen Kontakt zu ihren Familien und Verwandten haben durften, so dass diese in völliger Unwissenheit über den Verbleib und das Schicksal des Gefangenen waren. Man wollte über diese Abschreckungswirkung die Widerstandstätigkeiten und Nachahmungen bekämpfen und verhindern.

327 Aufgrund der Geheimhaltung der Rüstungsproduktion im M-D-Komplex wurde das Postamt Sangershausen als Absenderpoststelle eingesetzt.

328 Vgl. DMD – EB / HF-64.

tionshäftling die Häftlingsnummer des spendablen Gebers und seine Pakete wurden anschließend so gut wie nicht mehr geplündert, sondern kamen nahezu vollständig an. Das Erkaufen der Gunst seines Blockältesten durch zunächst übermäßige Selbstlosigkeit als berechnende Überlebensstrategie hat Rassinier laut eigenem Bekunden das Überleben gesichert. Auch Bonifas und weitere Häftlinge sahen in der Protektion durch Funktionshäftlinge eines der wichtigsten Aspekte für ein Überleben.[329] Denn durch den Inhalt der folgenden Pakete, konnte er sich mit Bestechung weitere Vorteile erkaufen. Rassinier berichtet, dass es ihm dadurch gelang, insgesamt acht Monate bei sechs verschiedenen HKB Aufenthalten zu erhalten. Die erkauften Pfleger gaben für ihn falsche Temperaturen an, so dass er als krank galt, und weder zur Arbeit noch zu den Appellen musste, und sich dadurch körperlich Erholen bzw. nicht völlig verausgaben musste.[330]

3.2.6 Hygiene

Da M-D aufgrund seines rüstungswirtschaftlichen Sonderstatus kein Einweisungslager wie andere KZ war, hatten alle Häftlinge vor ihrer Ankunft in Dora bereits die schockierende und traumatisierende Erfahrung der Einweisung mitsamt seiner Entwürdigung und Enthumanisierung durchlitten. Eine ähnliche Prozedur wurde jedoch ab Mai 1944 in mehr oder weniger regelmäßigen Abständen in Form der so genannten Desinfektion, die vornehmlich zur Entlausung gedacht war, durchgeführt. Die Häftlinge eines oder mehrerer Blöcke mussten sich selbst im Winter nackt, vor dem Bad aufstellen, während die abgegebenen Kleidungsstücke im heißen Dampfbad desinfiziert wurden. Das Anstehen konnte mehrere Stunden dauern, und bedeutete auch deshalb eine Tortur, weil diese Zeit nicht von der Arbeitszeit abging, sondern von der 'Freizeit', in der man also Essen und eine Bettstelle hätte erlangen müssen. Wenn man nach stundenlangem Stehen bei Wind und Wetter an der Reihe war, wurden sämtliche Körperhaare an allen Stellen mit rostigen Rasierern, Schafsscheren oder anderen scharfen Gegenständen durch im Bad tätige Häftlinge entfernt, was nicht selten unangenehme Hautverletzungen zur Folge hatte. Sobald diese forcierte Erniedrigung vorbei war, tauchten wiederum im Badkommando arbeitende Häftlinge den Geschorenen in eine Wanne mit Desinfektionsmittel, welches mittlerweile schon schwarz durch den Dreck der vorherigen Opfer geworden war. Die eben erst bekommenen Hautverletzungen verursachten durch das Desinfektionsmittel höllische Schmerzen. Im sich daran anschließenden Brausebad, welches die SS zum sadistischen Vergnügen teilweise wechselnd glühend heiß oder extrem kalt einstellte, fand die menschenunwürdige Prozedur sein Ende, so dass die Häftlinge die fertig desinfizierte,

329 Vgl. Bonifas: Häftling 20801. S. 98.; DMD P1, Bd. 62.

330 Vgl. Rassinier: Die Lüge des Odysseus. S. 109 f.

aber noch feuchte Kleidung wieder anziehen konnten. Besonders im klirrend kalten Winter des Südharzes 1944/45, fanden zahlreiche Häftlinge durch die Desinfektion den Tod.

Unzähliges Ungeziefer lebte in den Baracken, in den fauligen dünnen Strohsäcken der Bettgestelle, in der Kleidung der Häftling und in den zahlreichen offenen Wunden und Geschwüren, die die Körper bedeckten. Sie sorgen für unerträgliche Juckreize, verhinderten die Wundheilung, verschlimmerten die Krankheiten und trugen sie überall hin. Vor allem die Läuse waren überall zu finden und stellten ein unlösbares Problem dar. Der Überlebende Bonifas beschreibt die erschreckenden Zustände:

> „Große Läuse mit einem schwarzen Kreuz, die sich rapide vermehren, laufen überall herum und nisten in den kleinsten Nähten unserer Bekleidung. Sie zerfressen uns, besonders in den Achselhöhlen und in der Gürtelgegend. Wir kratzen uns blutig. Nach der Rückkehr von der Arbeit beschäftigen wir uns damit, sie zu knacken. Vergeblich! Hunderte tötet man, und tausend neue kommen. Wir fangen sie sozusagen in ganzen Trauben. Sie legen ihre Eier zu Tausenden in die Maschen meines Pullovers. Tag und Nacht ist es wie ein fressendes Feuer, man kratzt sich, Entzündungen entstehen, es ist hoffnungslos. Sie saugen uns das letzte bisschen Leben aus. Wir sind nur noch Tote auf Abruf. Manche Kameraden sind gestorben, weil sie buchstäblich von den Läusen aufgefressen wurden.“[331].

Trotz der regelmäßig durchgeführten Desinfektion der Häftlinge und der Kleidung, wurden die Baracken und die kärglichen Strohunterlagen nicht gereinigt, so dass man nach erfolgter Desinfektion binnen weniger Stunden wieder vollkommen verlaust war. Otto Rosenberg gelang es bei der Arbeit, eine eigene Entlausung durchzuführen. Da sein Kommando gelegentlich irgendetwas zu verbrennen hatte, zog er sich während eines unbeobachteten Momentes aus und hielt seine Kleidung in die Hitze, so dass das Ungeziefer verbrannte oder abfiel und er die Plagegeister eine Weile los war.[332] Auch Adolf Gawalewicz nutzte die Methode der eigenen Entlausung, als er die Möglichkeit dazu bekam. Durch die oben erwähnte Stelle als Kaffeekoch gelang es ihm, in einem Eimer mit siedendem Wasser seine Kleider zu entlausen.[333] Ambivalent zu der beschriebenen Taktik der eigenen Entlausung um sich vor den Läusen und den von ihnen übertragenen Krankheiten zu schützen, wurde zeitweise versucht, möglichst Läuse zu bekommen, damit man wegen der Angst der SS vor Seuchen, in den Quarantäneblock gesteckt wurde und keine Zwangsarbeit leisten musste. Es setzte ein regelrechter Läusehandel ein, bei dem eine Laus einen Tauschwert von 200g Brot bekam.[334]

331 Bonifas: Häftling 20801. 158 f.

332 Vgl. Rosenberg: Das Brennglas. S. 92.

333 Vgl: Gawalewicz: Überlegungen im Warteraum zum Gas. S. 125.

334 Vgl. Tauke: „Genesung“ und „Selektion“. S. 65.

Um die Strategie des 'Kräftehaushaltens' verfolgen zu können, wurde so ein enormes Risiko eingegangen, zumal Läuse, selbst wenn sie keine Krankheiten übertrugen oder hervorriefen, durch den Juckreiz große Pein verursachten, wie obigem Zitat zu entnehmen ist.

Nachdem das Barackenlager Dora im Mai/Juni 1944 fertig gestellt worden war und die Häftlinge nicht mehr im Stollen hausen mussten, befanden sich in den Baracken Waschmöglichkeiten, die es vorher überhaupt nicht gegeben hatte. Obwohl sich in den wenigen Minuten am Morgen Hunderte von Menschen um die wenigen Wasserhähne drängten und die Kapos unter wildem Geschrei Schläge verteilten, war es lebensnotwendig, sich zu waschen. Hierbei spielte der moralische Aspekt der Beibehaltung eines gewissen Maßes an Menschlichkeit in Gegenwehr zu dem von der SS geschürten Bild des Untermenschen bzw. des unmenschlichen Abschaums und Ungeziefer in den Konzentrationslagern eine bedeutende Rolle. Der hygienisch medizinische Aspekt war natürlich ebenso wichtig. Denn nur wer versuchte, trotz der minimalsten Möglichkeiten, die im Lager vorhanden waren, die eigene Körperhygiene und Sauberkeit aufrecht zu erhalten, hatte eine geringe Chance, den zahlreichen Krankheiten und Ansteckherden und der Verwahrlosung, der man im Lager überall begegnete, zu entgehen.

3.2.7 Medizinische Versorgung

In Anbetracht der völlig unzureichenden Sicherheitsvorkehrungen und dem vollständigem Fehlen jeglicher Sicherheitskleidung für die Häftlinge im Stollenvortrieb, waren Unfälle mit Verletzungen und Wunden bis zu Todesfällen an der Tagesordnung. Dennoch kümmerte sich die SS so gut wie gar nicht um Veränderungen oder versuchte medizinische Grundversorgung möglich zu machen, da ihnen durch die KZ nahezu unbegrenzt „Menschenmaterial" zur Verfügung stand und ihnen deshalb das Leben der Häftlinge nichts Wert war. Dem im Stollen eingerichteten Krankenrevier fehlte es aus diesem Grund an nahezu allen Grundmedikamenten, so dass die Behandlungsmöglichkeiten sehr stark eingeschränkt waren. Auch war es für die hunderte von Verletzten viel zu klein, weswegen sich vor dem Revier teilweise tumultartige Zustände unter den auf Hilfe Wartenden abspielten. Ein Häftling, der das Revier im Stollen aufsuchen musste, beschreibt sein Erlebnis:

> „Ich gehe zur Krankenstation. Das ist eine armselige Hütte, die damals gerade in dem großen Tunnel aufgestellt wurde, der zu den Blocks führt. [...] Man muß draußen warten. Es gibt nicht viele Lampen und so stehen wir uns im Dunkeln auf den Füßen. Manchmal geht die Tür auf, und es fällt etwas Licht auf die seltsame Versammlung von Verletzten, Kranken, Sterbenden und Neugierigen. Auf der anderen Seite der Baracke ist das Leichenhaus, eine etwas hochtrabende Bezeichnung für diese Plane, die den

Haufen von leblosen und verschmutzten Leibern nicht einmal richtig zudeckt. Manchmal trägt man Männer dorthin, in denen noch etwas leben ist, aber so wenig, dass es vergebliche Mühe wäre, sich noch um sie zu kümmern."[335].

Bereits während der Fertigstellung des Barackenlagers, wurde der HKB eingerichtet, der nach und nach wuchs und am Ende zehn Baracken mit einer Aufnahmekapazität von 1.500 Kranken umfasste. Die Zahl der Häftlinge, die täglich Versorgung benötigten wuchs zeitgleich mit dem Ansteigen der totalen Häftlingsanzahlen in Dora, wie auch in den Außenlagern, an und ging bis in die Tausende. Im ersten Quartal 1944 betrug die Anzahl der täglichen ambulanten Behandlungen 1.672.[336] Nach heutigen medizinischen Bewertungsmaßstäben war ohnehin jeder der Häftlinge mehr oder weniger krank gewesen. In unmittelbarer Nähe zum HKB befand sich das Krematorium, in dem ununterbrochen die Leichen der Häftlinge verbrannt wurden. Über Dora lag tagtäglich der Geruch verbrannter Menschen. Die Häftlinge nannten das tägliche Sterben im Lager nur noch euphemistisch „durch den Schornstein gehen". Bonifas umschreibt diesen Umstand etwas zynischer: „Alle Tage kam aus dem Tunnel der von Gefangenen gezogene Karren, der seine Ration Fleisch zum Krematorium brachte, hundert bis zweihundert Leichen täglich.".[337]

Der chronische Hunger und die körperliche Entkräftung führten zu großer Anfälligkeit für Infektionen, zum Verlust der Widerstandsfähigkeit gegenüber Krankheiten und zur Verminderung der Genesungsfähigkeit bei Verletzungen. Das größte Problem im Krankenrevier war nicht die Akquise von Pflegepersonal oder Ärzten, da diese unter den Massen von Häftlingen immer gefunden wurden, sondern die völlige Unterversorgung mit Medikamenten und medizinischen Utensilien, sofern überhaupt vorhanden. Im Revier waren zudem die Häftlinge teilweise gewissenlosen Pflegern und teilnahmslosen abgestumpften Ärzten ausgeliefert. Ein Häftling beschreibt eindrücklich eine ihn prägende Situation im HKB:

„Nach vier Tagen der >Schonung< gehe ich mit drei Kameraden, von denen keiner zurückkehren wird, und anderen, welche die Ruhr haben, in das Krankenrevier. (...) Wir werden in dasselbe Zimmer gezwungen, wo es schon Polen, Russen, Zigeuner, Deutsche, Franzosen und ein paar Belgier gibt, insgesamt etwa 60 Männer, nackt, unterernährt, vom Fieber beschüttelt, in mehrstöckigen Betten. (...) Das sind keine Menschen, die man hier behandelt, das sind Kennnummern. (...) Keine Pflege, keine Ernährung, kein Trinken. Die Kranken kommen nackt in ein Zimmer und werden nackt in ein Bett gelegt, das sie nicht wählen dürfen und wo schon ein anderer jammert und leidet. Sie sind nur noch ein Vorwand für die Statistiken; ihre medizinische Karteikarte hat mehr Realität als ihre Person! Diese Karteikarte ist der Grund, im Revier zu sein, die Grundlage der Einrichtung; sie ist das Ziel der ganzen Aufmerksamkeit des Schreibers, des

---

335 Zitiert nach Sellier: Zwangsarbeit im Raketentunnel. S. 96.

336 Vgl. Tauke: „Selektion" und „Genesung". S. 99.

337 Bonifas: Häftling 20801. S. 123.

Lagerarztes, des Oberpflegers, des Pflegers, der Kalfaktoren und letzten Endes des Büros für Arbeitsstatistik. Diese Karteikarte (...) wird alles sein in diesem Lager, was von dem Kranken nach seinem Tode übrigbleibt.“[338].

Um überhaupt als Patient aufgenommen zu werden, gab es sehr strenge Aufnahmekriterien. Wessen Körpertemperatur unter 39,5° lag, hatte nach SS-Vorstellungen noch kein Fieber und war voll arbeitsfähig. Das absichtliche Zufügen von Verletzungen, um ins Revier zu können und damit der vernichtenden Zwangsarbeit zu entkommen, stellte eine riskante Methode der Überlebenssicherung dar, wurde aber trotzdem angewendet.[339]

In den kleinen Außenlagern gab es überhaupt keine Krankenreviere, mit Ausnahme von Ellrich und Harzungen, die allerdings noch kärglicher ausgestattet waren als in Dora. Viele Häftlinge fürchteten sich vor dem Revier in Ellrich, was einen berüchtigten Ruf erlangt hatte. Dennoch gab es auch dazu noch eine Steigerung, wie einem Bericht zu entnehmen ist:

„Die kranken Häftlinge in Ellrich ließ man verhungern. Noch schlimmer war es in der Boelcke-Kaserne, dort mussten die Kranken auf dem Steinfußboden liegen. (...) In kurzer Zeit starben diese bereits unterernährten und kranken Häftlinge an vollständiger Erschöpfung. Die Boelcke-Kaserne wurde von den Häftlingen das lebende Krematorium genannt.“[340].

Die häufigsten Krankheiten in M-D waren die Ruhr, die sich epidemieartig in den Lagern ausbreitete, Typhus, Lungen- und Rippenfellentzündung, hervorgerufen durch den Mangel an Versorgung und Wetterschutz bzw. Kälteschutz in allen Lagerbereichen sowie Haut und Knochenverletzungen durch Arbeitsunfälle und Misshandlungen der Kapos und der SS. Vor allem der letzte Aspekt verwundert nicht, wenn man sich die in der Überlebendenliteratur oft verwendeten literarischen Ausdrucksweisen und Metaphern für die Raserei der Gewaltausübung durch SS und Kapos vor Augen führt. Denn in den Berichten heißt es u.a. „der Knüppel tanzte über den Rücken“ oder „es regnete Schläge“[341].

Eine alltägliche Krankheitserscheinung stellten die vor allem durch mangelhafte nährstofflose Kost entstehenden eiternden Hungerödeme und Furunkel dar, die großteils an den Armen und Händen sowie den Beinen und Füßen entstanden.

---

338 Zitiert nach Wagner: Das KZ Mittelbau-Dora. S. 42.

339 DMD – EB / HR-45.

340 Zitat von Georges Piper nach Wagner: Das KZ Mittelbau-Dora. S. 45.

341 Zu finden sind diese und ähnliche Ausdrucksweisen unter anderem z.B. bei Rassinier: Die Lüge des Odysseus.

Im März 1944 litten ca. 10% aller Häftlinge an TBC. Durch Vitaminmangel trat zudem häufig Polyneuritis auf, eine an mehreren Stellen gleichzeitig auftretende Nervenentzündung mit Lähmungserscheiungen.[342]

Adäquate Behandlungsmöglichkeiten für die Häftlingsärzte gab es so gut wie gar nicht, da die benötigten Medikamente und klinischen Geräte vollkommen fehlten oder ständig aufgebraucht waren. Betäubungen vor Operationen wurden z.B. häufig durch Schläge auf den Kopf oder mit Faustschlägen ins Gesicht improvisiert. Auch Fleckfieberfälle, die drohten zu einer Epidemie zu werden, veranlassten die SS nur dort zu Verbesserungen der hygienischen und medizinischen Maßnahmen, wo sie selbst und die zivilen Werksarbeiter bedroht waren, nicht aber grundsätzlich zum Schutz der Häftlinge.

Durch das auf Klientel- und Klüngelwirtschaft fußende Funktionshäftlingssystem arbeiteten zum Teil im HKB auch Häftlinge, die völlig andere Berufe erlernt hatten. Rassinier berichtet z.B. von einem Pfleger, der eigentlich ein Schreiner war oder von einem Schmied, der Blinddarmoperationen durchführte.[343] Einige Überlebende beschreiben äußerst sadistische und egoistische Pfleger und Ärzte, die die Kranken und Sterbenden misshandelten, zu Tode quälten und ihnen die dringend benötigten Mahlzeiten wegnahmen. Eine Vermeidung der Einlieferung ins Revier konnte deshalb ambivalent zum bewussten Aufsuchen des Reviers zur Hilfe und Genesung ebenso eine Taktik zum Überleben darstellen.[344]

Ein Häftling schreibt in seinen Erinnerungen von einer Abmachung unter den Ärzten verschiedener Nationalität, bei der sie immer im einwöchigen Wechsel einen ihrer Landsleute zur „Erholung“ ins Revier holten. Das Risiko aufgrund der Krankenherde und der Hygiene selbst zu erkranken war nicht zu unterschätzen, dennoch bedeutete dieser Aufenthalt meist körperliche Erholung, da man nicht arbeiten musste und ein einzelnes Bettgestell für sich alleine hatte.[345] Eine häufiger vom Personal des HKB angewandte Methode war das ‘Behalten’ der Gestorbenen bzw. das verspätete Melden des Todes eines Häftlings, um die noch für diesen Häftling vorgesehenen Nahrungsrationen zu erlangen. [346] Boris Pahor schildert diese auch von ihm angewendete Methode, bei der er neben den zusätzlichen Rationen sich außerdem noch gute Kleidung von den Toten besorgte.[347],

342 Vgl. Tauke: „Genesung“ und „Selektion“. S. 71.
343 Vgl. Rassinier: Die Lüge des Odysseus. S. 116, 127.
344 Vgl. DMD P1, Bd. 2.
345 Vgl. DMD – EB / HR-13.
346 Vgl. DMD P1, Bd. 34.
347 Vgl. Pahor, Boris: Nekropolis. Pößneck 2001. S. 142.

3.2.8 Schlafstollen

> „Wir nähern uns dem Eingang des Tunnels. Er ist dunkel, düster und trübe. Er sieht uns ankommen, wie ein Hai, der sein Maul öffnet [...] Dieses Loch ist ein Teufel, ein Monstrum, ein wahrer Menschenfresser."[348]

Die Bedingungen in den Stollen von August 1943 bis zur Fertigstellen des Barackenlagers im Mai 1944 waren unvorstellbar. Grausamste Szenen spielten sich unter der Erde ab, die weder exakt vorstellbar noch beschreibbar erscheinen, so dass das Bemühen der Dantischen Metapher in den Überlebensberichten naheliegend war. Nur Überlebende, die diesen Horror er- und überlebt haben, können annähernd beschreiben, was damals vor sich ging. Ein Häftling beschreibt die Szene, als er den Stollen zum ersten Mal betritt:

> „Nach ¾-stündigem Gänsemarsch über Stock und Stein zu den berüchtigten Übernachtungsstollen. In einer Halle über 200 in vier Etagen untergebracht mit Papierstrohsäcken, fast ohne Inhalt, als den von Flöhen, Läusen; Tote, Sterbende, Ruhr- und Typhuskranke, Beinkranke, vereiterte Körper ohne Bandagen oder Verbände, alles durcheinander im stinkenden Schwefelgestank der Sprengungen. Jeder ringt nach Luft und schreit danach [...] In sämtlichen Gängen, Hallen, Stollen und Nebenstollen Tote oder Sterbende und Erschlagene"[349].

In ähnlicher Weise skizziert ein russischer Gefangener die Situation unter Tage:

> „In den Stollen gab es weder Wasch- noch Trinkwasser. Bis zu vier Monaten lang lebten und arbeiteten die Häftlinge ohne irgendeine Wasch- oder Bademöglichkeit. Ein Teil urinierte aus Verzweiflung in die Hände, um sich den Kalkstaub wenigstens aus dem Gesicht zu waschen. Eine Wasserleitung lief durch den Tunnel, doch wer mit dem Leckwasser zu waschen versuchte, wurde von der SS geschlagen. Die Abortanlage bestand aus halbierten Benzinfässern. Diese Latrineneimer waren nach Zahl und Beschaffenheit so unzureichend, dass man allerorten in den Stollen auf menschliche Exkremente stieß."[350].

In den „Schlafstollen" gab es keine Ventilation der Luft, das bedeutete, dass die Häftlinge permanent dem aufgewirbelten Gesteinsstaub und den freiwerdenden giftigen Gasen schutzlos - ohne jegliche Sicherheits- oder Schutzkleidung - ausgesetzt waren, was die Augen und die Lungen stark angriff. Welche unmittelbaren Folgen der helle Gesteinsstaub auf das Erscheinungsbild der Häftlinge hatte beschreibt Rosenbach: „Wir sind in unseren gestreiften Häftlingsklamotten rein, und

348 Mouton: Unverhoffte Wiederkehr aus dem Harz. S. 80.
349 Zitat von Erich Neumann nach Wagner: Das KZ Mittelbau-Dora. S. 22.
350 Zitat von Sergej Wladimirowitsch Bogdanow nach Wagner: Das KZ Mittelbau-Dora. S. 21.

als Schneemänner sind wir wieder raus.“[351] Die Sprengungen im Stollen wurden in unmittelbarer Nähe, oft nur einige Meter, von den Schlafstellen der Gefangenen entfernt, vorgenommen, so dass an ausreichend Schlaf aufgrund des Lärms, der Druckwelle, des alles vernebelnden Gesteinsstaubes und herabfallender Steine nicht zu denken war. Warum viele Überlebende von einer anderen Welt - wie z.B. Yves Beon vom „Planet Dora“ - sprachen, beschreibt folgendes Zitat, bei dem ausdrücklich erwähnt wird, dass überhaupt von Menschen die Rede ist:

> „Ich sehe die Jungs, in Gruppen zu zehn, die einen neben den anderen. Man muss wissen, dass es Menschen sind. Sie sind weiß vom Staub der Presslufthämmer und der Explosionen in den Minen. Sie sind da, sitzen auf den Felsen wie große weiße Vögel, die mit ihren Schnäbeln den Wänden des großen Stollens Hiebe versetzen.“[352].

Zu Beginn der Stollenarbeiten gab es nicht einmal Bettgestelle für die Menschen, so dass sie auf dem blanken und extrem kalten Felsboden schlafen mussten:

> „Bei unserer Ankunft haben wir im Tunnel geschlafen, direkt auf dem feuchten Boden, ohne Decke, in einer durch die Explosionen der Minen und durch die Lokomotiven verräucherten Luft und in dem Gestank von Jauche, der von den Trögen, die uns als Latrinen dienten, herrührte... Wir hatten überhaupt kein Wasser zur Verfügung [...] So war es unmöglich, sich zu waschen und gegen das Ungeziefer zu kämpfen, das um sich griff und unsere Leiden erhöhte.“[353].

Die Unmenschlichkeit der SS wird hier besonders deutlich, da es bereits einen voll klimatisierten Teil in der Stollenanlage gegeben hatte, indem die Häftlinge zumindest etwas bessere als die gegebenen Bedingungen gehabt hätten, doch die Nutzung dieses Teils wurde nicht für nötig erachtet.[354] Die SS trieb die Häftlinge unter ständigem Schreien zum schnelleren Arbeiten. Kam es zu Unfällen oder Verletzungen, bei dem Häftlinge arbeitsunfähig wurden, erschoss man sie sogleich. Eine Verzögerung oder Verlangsamung der Arbeit war nicht vorgesehen und sollte unter keinen Umständen einsetzen. Der Wahnsinn, dem die Menschen in diesem Szenario ausgesetzt waren wird durch das folgende Zitat deutlich:

> „Jeden Morgen wohnten wir dem Abtransport der Toten bei. Diese wurden durcheinander auf Schubkarren oder Loren geladen, mit herunterhängendem Kopf und abgezehrten Gliedern, aus denen die Muskeln schrecklich hervorstachen und die durch die Krämpfe und die Schrecken eines schändlichen Todes ohne Trost und Beistand steif geworden waren. Manchmal ragte aus diesem Haufen ein Kopf mit seinen hervorspringenden Knochen und den hervortretenden übergroßen Augen heraus. Dieses Schauspiel war für

---

351 Rosenbach, Franz: Der Tod war mein ständiger Begleiter. Das Leben, das Überleben und das Weiterleben des Sinto Franz Rosenbach. München 2005. S. 91.

352 Mouton: Unverhoffte Wiederkehr aus dem Harz. S. 85.

353 Zitiert nach Henneberg: „Niedergefahren zur Hölle – Aufgefahren gen Himmel“. S. 64 f.

354 Vgl. Fiedermann: Mittelbau Dora. S. 21, 26.

> uns eine grausame Vision und um so unvergesslicher, da es sich alle Tage wiederholte."[355].

Man kann nur erahnen, welche Gefühle die Gefangenen hatten, als sie nach wochenlangem Hausen im Stollen zum ersten Mal wieder an die Oberfläche stiegen.

> „Eine wunderbare Erinnerung: Nach sechs Monaten unter der Erde sehe ich im April 1944 die Sonne. Der alte Russe aus meinem Kommando weint vor Freude, als er wieder ans Tageslicht kommt – ein paar Tage später ist er tot."[356]

Nur wenige Häftlinge der ersten Monate sahen die Sonne wieder, denn die durchschnittliche Lebenserwartung betrug im Stollen nur sechs bis acht Wochen. Nur wer genügend körperliche und seelische Willens- und Widerstandskraft besaß, bestimmte Strategien zum Überleben anwendete und zusätzlich noch über großes Glück verfügte, konnte dem Stollen wieder entkommen. Für viele dieser Häftlinge endete damit der Leidensweg jedoch nicht, da sie häufig keine benötigten beruflichen Qualifikationen besaßen und körperlich bereits derart geschwächt waren, so dass sie nicht in den Fertigungskommandos eingesetzt wurden. Sie wurden stattdessen erneut im vernichtenden Stollenausbau eingesetzt, der ab Sommer 1944 vornehmlich in den kleineren Außenlagern aufgrund neuer Rüstungsprojekte der Untertageverlagerung, vorangetrieben wurde.

3.2.9 Baracken

Die Baracken in Dora glichen denen in anderen Lagern, auch wenn die Ausmaße mitunter andere waren. Genutzt wurden sie außer zur Morgenwäsche und zur abendlichen Suppenausgabe nur zum Schlafen. Dreistöckige 80cm breite eng beieinander stehende Holzgestelle waren auch in M-D die KZ-typische Ausstattung der Schlafblöcke. In vielen Lagern - in M-D vor allem in den Außenlagern in einigen nicht aber in allen Kommandos - gab es wegen der Überfüllung aber auch aufgrund des permanenten Arbeitseinsatzes 'Wechselschlafschichten', d.h. die kleinen Schlafstellen, die die Häftlinge zur Verfügung hatten, mussten im Wechsel von der Tag- sowie der Nachtschicht benutzt werden. Doch selbst während die eine Schicht arbeitete, reichten die Bettstellen oftmals nicht für die Häftlinge, so dass sich mehrere Menschen die meist nur 80cm breite Bettstelle teilen mussten. Die Platznot beim Schlafen stellte eine besondere Pein für die Häftlinge dar. Das Schlafen war meistens nur auf der Seite möglich, und wenn man sich stark bewegte oder auf dem Abort war, war der Platz oftmals durch 'Nachrückende' be-

355 Zitiert nach Fiedermann: Mittelbau Dora. S. 27 f.

356 Zitiert nach Sellier: Zwangsarbeit im Raketentunnel. S.159.

reits wieder besetzt. Wie man sich solche unbegreiflichen Bedingungen vorstellen muss, zeigt folgendes Zitat:

> „Wer mein Bettkamerad ist, weiß ich nicht. Ich bin nicht einmal sicher, dass er immer ein und derselbe ist, denn ich habe ihn nie von Angesicht gesehen, es sei denn für kurze Augenblicke mitten im Aufruhr des Weckens, so dass ich seinen Rücken und seine Füße weit besser als sein Gesicht kenne. Er arbeitet nicht in meinem Kommando und kommt erst ins Bett, wenn Stillschweigen befohlen ist; er rollt sich in die Decke, schubst mich mit seinen knochigen Hüften beiseite, dreht mir den Rücken an Rücken versuche ich, mir einen angemessenen Platz auf dem Strohsack zu erkämpfen; mit meinem Kreuz drücke ich immer stärker gegen sein Kreuz, dann drehe ich mich anders herum und nehme die Knie zu Hilfe, ergreife seine Füße und bemühe mich, sie etwas von meinem von meinem Gesicht wegzuschieben. Aber alles ist vergeblich, denn er ist bedeutend schwerer als ich, und der Schlaf scheint ihn versteinert zu haben. Da bleibe ich eben so liegen, zur Regungslosigkeit verdammt und halb bald dem Schaf verfalle, und mir ist, als läge ich auf Eisenbahnschienen.“[357].

In Anbetracht solcher Zustände wurde Platz bzw. etwas Raum für sich oder sogar die Möglichkeit, für kurze Zeit allein zu sein, zu einem Privileg, welches meist nur noch die Funktionshäftlinge hatten. Sofsky beschreibt diese Situation treffend: „Die Menschen waren eingekerkert in einer Zelle aus menschlichen Körpern.“[358]. Neben der mangelnden Bewegungsfreiheit war die mangelnde Ruhe eine weitere nervenaufreibende Quälerei, denen die Häftlinge ausgesetzt waren. Denn bei so vielen zusammengepferchten Menschen, von denen viele an schmerzvollen eitrigen Wunden und Krankheiten litten, andere an fiebrigen Zuständen und zahlreiche Häftlinge durch die beschriebenen Bedingungen ausgelöste psychische Wahnvorstellungen bekamen, wurde die Baracke niemals ruhig. Während der ganzen Nacht war eine gewisse Bewegung und Hektik im Schlafblock, welche durch jammernde, leidende schreiende Häftlinge begleitet wurde.

3.2.10 Widerstand / Sabotage

Im ersten Moment erscheint es widersprüchlich, im Zusammenhang mit Überlebensstrategien, den Blickpunkt auf den passiven und aktiven Widerstand bzw. die Sabotage in M-D zu richten. Denn jegliche Aktivitäten, die in den Augen der SS als Widerstand galten, waren mit enormen Gefahren verbunden. Sobald sie entdeckt wurden, waren Prügelstrafen und spontane körperliche Misshandlungen noch ein vergleichsweise geringeres Übel, obwohl viele Häftlinge nach einer solchen ‘Behandlung’ an den Folgen starben. Die Einweisung in den so genannten „Bunker“ in Dora, ein Gefängnistrakt innerhalb des KZ, mit anschließenden ta-

357 Zitiert nach Sofsky: Die Ordnung des Terrors: Das Konzentrationslager. S. 80.
358 Sofsky: Die Ordnung des Terrors: Das Konzentrationslager. S 89.

gelangen brutalsten Folterungen und letztendlich der Exekution waren die alltäglicheren Maßnahmen, wenn man auf vermeintliche oder tatsächliche Widerstands- oder Sabotageakte stieß. Die Vermeidung jeglicher Widerstandshaltung gegenüber der SS sowie der zumindest nach außen demonstrierte unbedingte Gehorsam, stellte eine oft benutzte Strategie dar.[359] Obwohl eine Ablehnung dieser Strategie und etwaige gegenteilige Handlungen den eigenen Bestrebungen des Überlebens an sich zuwider liefen, da sie den Häftling in enorme Todesgefahr brachten, war es für den Einzelnen möglich, aus der Tätigkeit gegen den Willen der SS Antrieb und Willenskraft zu schöpfen.

Der passive Widerstand in Mittelbau-Dora äußerte sich allein schon durch den Selbsterhaltungstrieb und dem Willen den unmenschlichen Bedingungen zu trotzen.[360] Auch Hilfeleistungen von Mitgefangenen und gegenseitige Unterstützung bedeuteten passiven Widerstand, da diese Handlungen zwar nicht gegen die SS als Macht- und Lagerautorität als solche gerichtet waren, dennoch aber dem Willen der SS entgegengesetzt waren, denn diese hatten kein Interesse an sozialem Miteinander innerhalb der Häftlingsgesellschaft.[361] Wolfgang Sofsky beschreibt diesen Umstand völlig zutreffend: „Angesichts absoluter Tötungsmacht ist bereits das pure Überleben ein Akt der Gegenwehr."[362]. Aktiver Widerstand waren hingegen alle diejenigen Handlungen, die wirksame Schäden oder Störungen des Lagerbetriebes oder der Produktion zur Folge hatten z.B. Arbeitsverweigerung, Befehlsverweigerung, spontane oder geplante Sabotage, der Aufbau von Widerstandszellen, das Herstellen und Verstecken von Waffen, Radios etc. bzw. in größerem Blickwinkel betrachtet, alle Handlungen und Wirkungen, die gegen das gesamte SS- und nationalsozialistische Regime gerichtet waren.[363] Die täglich vorkommende 'wilde' oder spontane Sabotage oft aus Rache an den deutschen Vorarbeitern und Meistern begangen, die die Häftlinge gewaltsam misshandelt hatten und keinerlei Mitleid zeigten. Wurde die Sabotage entdeckt, statuierte die SS ein Exempel und exekutierte das Opfer am Galgen, nicht selten beim Appell vor dem gesamten Lager.

Den größeren Zusammenhang in Form von Widerstand gegen das nationalsozialistische KZ-System als solches hatten die meisten Häftlinge in M-D hierbei jedoch nicht im Sinn.[364] Nur wenige geben die aktive Sabotage als langfristige Strategie des Überlebens an, indem sie eben durch ihre Tätigkeit beabsichtigten,

359 Vgl. DMD – EB / HP-40.
360 Vgl. Bornemann: Aktiver und Passiver Widerstand im KZ Dora und im Mittelwerk. S. 12.
361 Vgl. Ebd. S. 13.
362 Sofsky: Die Ordnung des Terrors: Das Konzentrationslager. S. 37.
363 Vgl. Bornemann: Aktiver und Passiver Widerstand im KZ Dora und im Mittelwerk. S. 16, Wagner: Produktion des Todes. S. 443.
364 Vgl. Bornemann: Aktiver und Passiver Widerstand im KZ Dora und im Mittelwerk. S. 55 ff.

den Krieg zu verkürzen, da die Wehrmacht beim Einsetzen der neuen Waffen mit einer großen Versagerquote – im Winter 1944/45 betrug sie 20% - zu kämpfen hatte. Diese Überlegung weiterführend würde eine zeitnahere Befreiung des Lagers die Überlebenschancen erhöhen. Dieser aktive Widerstand, welcher also unmittelbar das Todesrisiko drastisch steigerte und die Überlebenschancen verringerte, erhöhte langfristig die Möglichkeit des Überlebens und stellte dadurch eine praktizierte Strategie dar. In einigen Überlebendenberichten wird z.B. von einer Gruppe russischer Häftlinge in der A4-Fertigung gesprochen, die über einen längeren Zeitraum auf ein bestimmtes elektrisches Teil der A4-Rakete urinierten, und somit eine größere Anzahl der Raketen unbrauchbar machten.[365]

Es gab einige nationale Widerstandsgruppen in Mittelbau-Dora, ob es jedoch einen gemeinsamen Zusammenschluss in Form eines illegalen internationalen Lagerkomitees wie in Buchenwald gab, wie die DDR-Propaganda glaubhaft machen wollte, ist nicht eindeutig belegt.[366] Eine der bekanntesten Personen des Widerstandes war Albert Kuntz, dessen Rolle als Lagertechniker mit umfassenden Privilegien und Kontakten zur SS sehr umstritten ist und der dennoch als Leiter der deutschen Widerstandsgruppe sowie als Führer des gesamten antifaschistischen Widerstandes in M-D, in der späteren DDR, verklärt und glorifiziert worden ist.[367] Eine ausgeprägte Widerstandsaktivität entwickelte vor allem die russische Gruppe, die von den Gerüchten der vollständigen Liquidierung des Lagers beeinflusst, plante, das Lager gewaltsam zu befreien. Der Befreiungsplan „Süd-Ost“ sah vor, dass ein militärisch erfahrenes Essenskommando die SS-Waffenkammer stürmen und mit deren Waffen und Munition die Wachen auf den Wachtürmen überwältigen sollte. Ein tschechischer Trupp sollte gleichzeitig die Nachrichtenverbindungen der SS kappen und so das Lager von der Außenwelt abschneiden.[368] Zur Durchsetzung dieses Plans kam es wegen der im Kapital 1.5 erwähnten Aufdeckung und Zerschlagung der Widerstandsgruppen jedoch nicht.

3.2.11 „Freizeitgestaltung“ der Häftlinge

Allgemein gab es kaum Möglichkeiten der Freizeitgestaltung. Abgesehen von der Tatsache, dass die SS ohnehin offene kulturelle Aktivitäten gewaltsam unterbunden hätte, fehlte es dem Großteil der Häftlinge an Kraft und an Zeit, um die Zeiträume fern der Arbeit und Anordnungen mit derartigen Dingen zu verbringen. Diese Räume mussten vielmehr für die Grundbedürfnisse aufgewendet werden, da

365 Vgl. Rassinier: Die Lüge des Odysseus. S. 130.
366 Vgl. Wagner: Produktion des Todes. S. 443
367 Vgl. Bornemann: Aktiver und Passiver Widerstand im KZ Dora und im Mittelwerk. S. 32.
368 Vgl. Bornemann: Aktiver und Passiver Widerstand im KZ Dora und im Mittelwerk. S. 35.

der Kampf bei den Essensverteilungen und um eine Bettstelle den Großteil der nicht von der SS ausgefüllten Zeit in Anspruch nahm. Die geringe Menge Brot und ein Platz auf einem Bettgestell waren überlebenswichtiger, als diese Zeit mit geistig-kulturellen o.ä. Aktivitäten zu füllen. Da die Konsequenzen im schlimmsten Fall bedeuten würden, keine Essensration zu bekommen und im Barackengang auf dem nackten kalten Fußboden schlafen zu müssen, was nicht selten aufgrund der zerstörerischen Unterernährung und fehlender Widerstandsfähigkeit des Körpers bereits den Tod bedeuten konnte. Musik oder Singen als Freizeitgestaltung wäre eine mögliche Alternative, jedoch berichten einige Häftlinge, dass sie daran kein Interesse mehr hatten, nachdem Musik von der SS in Dora ähnlich wie in anderen Lagern als erniedrigendes Ritual instrumentalisiert worden war. Das Orchester, welches in einem gehobenen Arbeitskommando spielte und so vor allem für viele „Zigeuner“ eine Möglichkeit bot, sich zusätzliche Rationen zu erwerben, hatte beim Ein- und Ausmarsch im Lager zur Arbeit ebenso zu spielen, wie bei den Appellen, wenn Strafen und Exekutionen vollzogen wurden, so dass die Häftlinge mit Musik keine schönen Erinnerungen und Gedanken verbinden konnten.[369]

Die Ausübung bestimmter religiöser Praktiken war nur im geheimen unter großem Risiko möglich. Es mangelte zudem an sämtlichen Gegenständen zur Religionsausübung. In wenigen Berichten wird von einem christlichen Geistlichen geschrieben, dem es gelang, eine Bibel und Hostien ins Lager zu schmuggeln und der damit vielen Häftlingen durch die Weihe etwas Hoffnung und Zuversicht geben konnte. Ganz allgemein kann die Flucht oder Zuflucht ins Religiöse als psychische Stütze für die leidenden und gemarterten Häftlinge sowie als grundlegend identitätsstiftend angesehen werden. Die Häftlinge versuchten dadurch ganz bewusst, für ihren persönlichen Überlebenskampf neue Energien und Zuversicht zu erlangen sowie sich als moralisch religiös-kulturelles Wesen zu begreifen, was ihnen die SS-Schergen absprachen. Die Religion zeigte den Gläubigen, dass es Werte gab, die wichtiger waren als das eigene Überleben: z.B. sahen die jüdischen Häftlinge im Nationalsozialismus mit den KZ in Bezug auf ihre Verfolgung eine Kontinuität der jüdischen Leidensgeschichte. In den heimlich vollführten Ritualen, so sie denn durchführbar waren und aufgrund der begrenzten Möglichkeiten überhaupt stattfanden, konnte man sich ein Bruchstück vorkonzentrationärer Normalität erhalten und fortführen, was neben der angesprochenen moralischen Wertebewahrung erheblich zu einem besseren Seelenhaushalt beitrug. Für einen grundsätzlich religiösen Menschen bedeutete die innere Besinnung auf den Glauben einen durch die SS nur schwer zu zerstörenden Vorrat an Kraft, aus der man Hoffnung schöpfen konnte, welche den Überlebenswillen antrieb, wie Bonifas es

369 Vgl. Müller, Ute: „Untersuchungen zu den Lebens- und Haftbedingungen der Jugendlichen, der Frauen, der Juden und Zigeuner im KZ Mittelbau-Dora“. Unveröffentl. Diplomarbeit. Halle 1985. S. 21.

z.B. für sich beschreibt.[370] Eine andere Strategie wählte der Sinto Hanstein, der seine 'Freizeit' im Lager für keine andere Aktivität nutzte, als sich sofort schlafen zu legen, um Kräfte zu sparen. Er verzichtete bewusst auf Gespräche mit den anderen Häftlingen oder auf die Möglichkeit des „Organisierens".[371]

3.2.12 „Freizeitgestaltung" durch die SS

In Dora wurde ein Ende Januar 1945 ein Bordell eingerichtet, in welchem Frauen aus anderen KZ zur Prostitution gezwungen wurden. Da ein Besuch mit dem speziellem Lagergeld, bezahlt werden musste, waren Bordellbesuche nur den „Prominenten" - nur sie hatten wie in Kapitel 3.2.3 beschrieben ausreichenden Zugang zum Lagergeld - möglich. Da die „Politischen" diese inhumane Institution aus ideologisch-moralischen Prinzipien boykottierten, wurde das Bordell in den meisten Fällen nur von den „Grünen" genutzt. Wenn ein Häftling doch einmal das seltene Lagergeld erhielt, holte er sich aus der Lagerkantine zusätzliche Nahrung oder Tabak für Zigaretten, so dass er zumindest einen Tauschwert hatte, den er im Schwarzhandel in lebenswichtige Nahrung umsetzen konnte. Neben dieser bewusst gewählten Strategie, die auf die lebensnotwendigsten Dinge gerichtet war, steht die Tatsache, dass alle Häftlinge vom Fehlen jeglicher sexueller Energie und Antriebskraft sprechen. In der Gesamtbetrachtung der Lager-bedingungen erscheint dieses Fehlen der sexuellen Libido völlig schlüssig, auch wenn nicht auszuschließen ist, dass wenige privilegierte Häftlinge ihre Berichte aus späteren moralischen Gründen in dieser Hinsicht beschönigt haben.

In Dora gab es ein Lagerkino, in dem hauptsächlich NS-Propagandafilme gezeigt wurden. Ähnlich wie das Bordell musste der Eintritt jedoch mit Lagergeld bezahlt werden, so dass nur die „Lagerprominenz" tatsächlichen Zugang gehabt hatte. In keinem der Häftlingsberichte, die auch von Privilegierten verfasst wurden, finden sich Bemerkungen über eines Besuch des Kinos, so dass trotz etwaiger Beschönigungen bzw. Auslassungen der Lageralltagsbeschreibung, das Kino nur sehr schwach bis fast gar nicht frequentiert gewesen sein dürfte. Dieser Aspekt stellt eine plausible Schlussfolgerung dar, da ein Kinobesuch im nachhinein weitaus weniger moralisch verwerflicher erscheint, als ein Besuch des Bordells mit Zwangsprostituierten, und man aus diesem Grund annehmen kann, dass ein Kinobesuch nicht verheimlich worden wäre.

370 Vgl. Bonifas: Häftling 20801. S. 34.
371 Vgl. Hanstein: Meine hundert Leben. S. 70.

3.2.13 Weitere Überlebensstrategien

Einige Häftlinge berichten noch von weiteren Strategien außerhalb der beschriebenen Kategorien, mit denen sie versuchten, den Lageralltag zu überleben. Selbstdisziplin als bewusste Handlungsweise für ein Überleben zu nennen, erscheint zunächst wie eine triviale Selbstverständlichkeit. Dennoch kann man zahlreichen Berichten entnehmen, dass das Aufrechterhalten der Disziplin nicht vielen gelang. Nach Wochen, Monaten manchmal sogar Jahren des ständigen Hungers und Durstes und der damit verbundenen schleichenden zersetzenden Unterernährung, sowie kräfteraubender Zwangsarbeit und Schlafentzug den Willen aufzubringen: angefaulte Kartoffeln nicht zu essen und durch Chemie giftiges Maschinenwasser nicht zu trinken stellt eine enorme Willenleistung dar. Ebenso war es ein anstrengender aber nötiger Akt der Selbstdisziplin sich trotz der täglichen Überfälle des Ungeziefers auf die Häftlinge und den vor allem in den Baukommandos ständig anfallenden Dreck und Schmutz möglichst täglich zumindest eine Grundkörperhygiene vorzunehmen.

Die Erinnerung an schönere Zeiten vor der Verfolgung kann als psychische Stütze und Motivationshilfe sowie als Schutz gegen den Verlust sämtlicher Hoffnung dienen. Allerdings beinhaltet diese Strategie auch Gefahren, denn der erzielte Effekt kann genau der gegenteilige sein. Also ein Verlust aller Hoffnung sowie die totale Selbstaufgabe.[372] Die Ausschaltung der aktiven Realität und die Rückbesinnung als überlebensentscheidende Methode schildert Abraham Biderman, die er für sich während seiner Haft im Bunker einsetzen konnte.[373] Anstatt den Blick rückwärts zu richten, berichtet Aimé Bonifas von seiner ihm den Überlebenswillen gebenden Methode der Zielsetzung eines festen zukünftigen Zeitpunktes, den er noch unbedingt lebend erreichen wollte. Im November 1944 setzte er sich das Ziel, unbedingt das kommende Ostern 1945 zu erleben. Dies gab ihm die nötige Kraft zu kämpfen. Diese Taktik ist aber ebenso wie der Rückblick ambivalent, da er auch von solchen Häftlingen berichtet, die angesichts eines unter diesen Lagerbedingungen und Lebenserwartungen äußerst fern gestreckten Zieles, ihren Lebensmut verloren.[374] Zusätzlich berichtet er von seiner Methode das quälende Hungergefühl sowie die Gedanken an Essen zu verdrängen, indem er während der Arbeit Schlager summte oder versuchte, Gedichte aus seiner Schulzeit zu rekapitulieren.

„Der Tod in den Konzentrationslagern war eine natürliche Sache und erzeugte keinerlei Gefühle."[375] Der psychische emotionale Rückzug aus der Lagerrealität,

372 Vgl. Quindeau: Trauma und Geschichte. S. 47.

373 Vgl. Biderman: The world of my past. S. 308.

374 Vgl. Bonifas: Häftling 20801. S. 138.

375 DMD – EB / HF-52.

den ein Häftling mit diesem Satz ausdrücken wollte, war ebenso eine Möglichkeit, sich vor dem völligen Selbstzusammenbruch zu schützen Jedoch waren die Gefahren und Risiken auch hierbei groß. Denn die damit verbundene soziale Isolation im Lager bedeutete nicht selten den Tod, weswegen viele versuchten, über das Aufrechterhalten von bestimmten sozialen Beziehungen ihr Überleben zu sichern.[376]

Eine weitere maßgebliche, oben bereits angedeutete Strategie war das bewusste Untertauchen des Einzelnen in der großen homogenen Masse: „Wic meine Kameraden mache ich das, was die anderen machen, und versuche, in der Masse unterzugehen, Schaf unter Schafen."[377] Vor allem während des Marsches von und zur Arbeit, der in Kolonnen in 5er Reihen durchgeführt werden musste, war das bewusste Einreihen in die Mitte eine gute Taktik, den an den Rändern der Kolonnen ständig niederprasselnden Schlägen der Bewacher zu entrinnen.[378] Vom Wuchs her große Menschen hatten hierbei grundsätzlich einen Nachteil, da sie aus der Masse herausragten und somit die meisten Schläge abbekamen. Deswegen galt es nicht nur bewusst in der Masse unterzutauchen, sondern sich auch so klein und niedrig wie möglich zu machen, berichtet Rosenberg.[379] Die Wahrscheinlichkeit in der homogenen Masse, ab 1944 waren in Dora ständig mindestens 10.000 Häftlinge eingesperrt, den spontanen Gewaltsausbrüchen von Seiten der Bewacher ausgesetzt zu sein, war ungemein geringer, als wenn man versuchte, seine individuelle Andersartigkeit in Aussehen und Verhalten aufrecht zu erhalten. Diese Taktik des Untertauchens ließ sich in allen Bereichen des KZ-Alltags anwenden. Inwieweit die Anzahl der Häftlinge, die diese Überlebensstrategie ganz bewusst einsetzten sehr hoch, oder dieser Aspekt eher aus Nachahmungs- oder situativen Massenerscheinungen herrührte und daher eher niedrig anzusetzen ist, lässt sich kaum feststellen und muss offen bleiben. Franz Rosenbach zum Beispiel nennt das Untertauchen, sowie die Taktik sich immer abseits aktiver Geschehnisse aufzuhalten explizit als Maßnahme zum Beeinflussen seines Überlebens.[380] Die bereits angesprochene prinzipielle Lernbereitschaft war nicht nur wichtig in Bezug auf das Verhalten der erfahreneren Häftlinge sondern auch in Bezug auf die SS und ihren Befehlen in ausschließlich deutscher Sprache. Viele der nach M-D verschleppten Menschen aus den verschiedensten Ländern waren des Deutschen nicht mächtig, wurden aber weder in den Inhalt der Befehle eingeweiht, noch gestand man ihnen Möglichkeiten des Verständnisses durch Übersetzer zu. Um nicht sofort wegen „Befehlsverweigerung" Gewalt und Zorn gegen sich zu provozieren, war es für die Häftlinge lebenswichtig, die deutschen Befehle zu lernen und zu

376 Vgl. Quindeau: Trauma und Geschichte. S. 48.
377 Bonifas: Häftling 20801. S. 58.
378 Vgl. DMD – EH / HP-97.
379 Vgl. Rosenberg: Das Brennglas. S. 92.
380 Vgl. Rosenbach: Der Tod war mein ständiger Begleiter. S. 98.

kennen. Darüber hinaus bot die Kenntnis der deutschen Sprache weitreichendere Möglichkeiten. Denn nur wer sich mit der SS und den Funktionshäftlingen - die nahezu ausnahmslos deutsch sprechen konnten, auch wenn sie anderer Nationalität waren - verständigen konnte, war in der Lage für seine Situation Vorteile zu erlangen und z.B. einen guten Posten in einem günstigen Arbeitskommando zu bekommen.[381] Diesen Gesichtspunkt der guten Aufnahmefähigkeit und des sehr schnellen Aneignens der grundlegenden deutschen Sprache beschreibt Bonifas als seinen „Trumpf", der ihm ein Weiterleben ermöglichte.[382] Um die SS oder die Kapo-Schläger nicht zu reizen, galt es, den Peinigern nicht direkt in die Augen schauen, sondern einen anderen Punkt zu fixieren, weil sie das schon provozieren konnte, was Gewalt nach sich zog.

Stephane Hessel benutzte seine individuelle Fertigkeit der literarischen Bildung für die Erhöhung seiner Überlebenschancen. Er erzählte Geschichten und unterhielt die „prominenten" Funktionshäftlinge mit Zitaten von Goethe und Hölderlin: „Wer sich im Lager aufs Erzählen versteht, kommt in den Genuss allerhöchster Protektion."[383] Um diesen Schutz zu erlangen, war natürlich der Sinn für Kunst und Literatur und die generelle Bereitschaft des Zuhörens durch die Funktionshäftlinge Vorrausetzung. Eine gewisse überrumpelnde Schlagfertigkeit konnte in der Konfrontation mit der SS hilfreich sein, barg damit aber auch erhöhtes Risiko. Gawalewicz gerät in eine gefährliche Lage, als ein SS-Mann, der als Schläger und Mörder im Lager berüchtigt war, ihn ausfragt, was die Häftlinge mit den SS-Leuten nach dem Krieg machen würden. Seine Antwort: „Wer gut gewesen ist, dem geschieht auch nichts; Sie waren doch gut." war derart entwaffnend, dass der SS-Mann schweigend abzog und ihn in Ruhe ließ.[384] Auch andere Häftlinge berichten davon, mit 'gesunder Frechheit' oder 'entwaffnender Schlagfertigkeit gegenüber der SS als Überlebensstrategie Erfolg gehabt zu haben.[385] Diejenigen Häftlinge, bei denen diese gefährliche Strategie einen negativen Ausgang gehabt hatte, haben das Risiko mit hoher Wahrscheinlichkeit - in Anbetracht des üblichen alltäglichen Verhaltens der SS, direkt mit dem Leben bezahlt. Gegenüber der „Lagerprominenz" konnte 'Widerstand' in Form von Schlagfertigkeit ebenso positive Ergebnisse nach sich ziehen und hatte nicht immer aggressive brutale Gewalt als Antwort. Friedrich Kochheim stellte in seiner Erinnerungsliteratur einen Fall dar, bei dem er zu seinem Oberkapo ging und ihm klar sagte - nicht ohne die große Macht und den Einfluss zu nennen, den der Kapo besaß - dass er ohne ausreichend Schlaf bei seinem Posten in der Kartothek für Normteile nicht arbeiten könne. Kochheim war selbst überrascht, als der Oberkapo ihm daraufhin einen

381 Vgl. DMD P1, Bd. 1, Dok. 6.
382 Vgl. Bonifas: Häftling 20801. S. 61 f.
383 Hessel, Stephane: Tanz mit dem Jahrhundert. Erinnerungen. Zürich, Hamburg 1998. S.111.
384 Vgl. Gawalewicz: Überlegungen im Warteraum zum Gas. S. 127.
385 Vgl. DMD P1, Bd. 2, DMD P1, Bd. 62.

privilegierten Einzelpritschenplatz zuwies und zusätzlich Essen und Trinken gab, und identifizierte seine Offenheit und Direktheit sowie die schmeichelnden Worte über die Macht des Kapos als entscheidende Indikatoren für seine überlebenswichtige Bevorteilung.[386]

Der Überlebende Sinto Franz Rosenbach entwickelte eine weitere Taktik um sein Überleben wahrscheinlicher zu machen. Sonntags, wenn kein Appell stattfand oder bereits beendet war, ging er im Lager umher und sammelte kleine Blumen die er zu Sträußen band. Diese Blumensträuße verkaufte er schließlich dem Blockältesten gegen das lebenswichtige Brot.[387] Ein Häftling berichtet von einer weiteren innovativen, jedoch nur temporär durchführbaren Strategie. Als er bei seinem Barackenbaukommando vor Erschöpfung nicht mehr konnte, besorgte er sich einen Knüppel und schrie dieselben Befehle und Anweisungen wie die Kapos, während er sich erfolgreich als einen der ihren ausgab und so um die schwere Arbeit herum kam.[388] In ähnlicher Art und Weise drückte sich ein anderer Häftling von der Arbeit. Er fand einen Werkzeugkasten und lief mit diesen unbehelligt durch das Lager und tat so, als wäre er ein Lagerelektriker der ein Ziel haben und arbeiten würde.[389]

Bei vielen damaligen Häftlingen herrschten nationale Klischees und sogar fremdenfeindliche Ressentiments vor, oder kristallisierten sich anhand von Beispielen ihres eigenen Erlebens im Lager heraus. So berichten z.B. zahlreiche französische Häftlinge von den russischen Häftlingen als stehlende, sich zu Banden zusammenschließende raue unfreundliche Gesellen, während die tschechischen Häftlinge oft als solidarisch und nett beschrieben werden. Selbstverständlich müssen solche Aussagen, die über den Lagerkosmos herausragten, aus heutiger Sicht nicht nur als politisch unkorrekt, sondern allgemein als unzutreffend zurückgewiesen werden. Jedoch findet sich hinter manchem Klischee ein Kern, der im Ursprung treffend sein kann. Wenn von den russischen Häftlingen z.B. als den widerstandstandsfähigsten und abgehärtetsten Häftlingen in M-D die Rede ist und man den Blick auf die vorkonzentrationären Lebensverhältnisse der russischen Bevölkerung im Vergleich z.B. zu der französischen richtet. Dann lässt sich aufgrund der vorkonzentrationären Härte im Leben unter einem diktatorischen Regime, des Mangels, der schweren Arbeit und der Entbehrungen solch ein Klischee möglicherweise erklären und behält eine gewisse Gültigkeit. Da die russischen Häftlinge den Entbehrungen und dem Mangel im KZ mitunter besser gewappnet und mit bestimmten ihnen bekannten Strategien begegnen konnten. Auf den Einzelnen

386 Vgl. Kochheim, Friedrich: Bilanz. Erlebnisse und Gedanken. Hannover 1952. S. 58.
387 Vgl. Rosenbach: Der Tod war mein ständiger Begleiter. S. 92.
388 Vgl. DMD P1, Bd. 62.
389 Vgl. DMD – EB / HF-64.

bezogen, lassen sich solche allgemeinen Aussagen natürlich nicht treffen, da es immer Ausnahmen gibt.

Unzweifelhaft ist zumindest der Vorteil bestimmter vorkonzentrationärer Erfahrungen, die in Strategien und Handlungsweise im Lager fortgesetzt oder eingesetzt werden konnten. Diejenigen Häftlinge, die bereits vor ihrer Verschleppung ins KZ an materieller Not gelitten hatten und um ihr Überleben kämpfen mussten, waren auf die Situation und die Lebensverhältnisse im Lager viel besser eingestellt und konnten dementsprechend mit den verschiedenen Handlungshierarchien besser umgehen bzw. auf bereits erworbene Überlebensstrategien und Fähigkeiten zurückgreifen. Dies betraf in großen Teilen die arme städtische Arbeiterschaft, während die Mittelschicht oder die bäuerliche Bevölkerung aufgrund völlig andersgearteter Lebens-, Nahrungs- und Wohnverhältnisse weitaus weniger lageresistent war.[390] Selbiges trifft auch auf den Berufsbereich zu, ein Handwerker oder Arbeiter hatte im KZ aus den beschriebenen Gründen erheblich bessere Grundvorrausetzungen zum Überleben, als z.B. Künstler oder Akademiker, die zusätzlich von den Nationalsozialisten als Intellektuelle drangsaliert wurden.

390 Vgl. Pingel: Häftlinge unter SS-Herrschaft. S. 171.

4. Resümee

Eine vollständige Beschreibung der 'Wahrheit' bzw. 'wahrhaftigen Realität' des KZ-Alltags kann es nicht geben, denn „das Leiden der Häftlinge ist für den Historiker nicht nacherfahrbar und somit kaum darstellbar."[391] Vielmehr war es möglich, anhand der autobiographischen Berichte der Überlebenden über ihren subjektiv erlebten Lageralltag, die individuellen Überlebensstrategien heraus zu arbeiten und im Vergleich zu anderen Berichten allgemeine Aussagen über die Möglichkeit und Anwendbarkeit bestimmter Strategien zu treffen. Hierbei spielen die traumatischen Folgen und die damit verbundenen psychischen Bedingungen und Faktoren der Überlebensberichte eine elementare Rolle. Denn nur unter Einbeziehung der zu dieser Thematik herausgearbeiteten Erkenntnisse ist eine adäquate wissenschaftliche Bearbeitung der subjektiven Berichte überhaupt möglich. Bei der Beurteilung und Auswertung der Zeitzeugenberichte von bzw. über Mittelbau-Dora mussten die Kenntnisse dieser spezifischen Quellengattung permanent einfließen. Erst dadurch war es möglich, eine Darstellung des Alltags des Lagers als Überlebenskampf aus Sicht der Häftlinge zu entwickeln. Eine der Grundvorrausetzungen für das Herausarbeiten der Überlebensstrategien der Häftlinge in M-D ist außerdem die Kenntnis der Geschichte und der speziellen Besonderheiten dieses KZ im Gegensatz zu den anderen Konzentrationslagern. Sowie die Einbindung M-D als letztes gegründetes Hauptlager unter fast gänzlich verschiedenen Vorrausetzungen und Funktionsbestimmungen als die vorher gegründeten Lager in das gesamte KZ-System.

„War Auschwitz die heiße Hölle gewesen, so war Dora die kalte Hölle"[392] Trotz dieser aus den Augen der Überlebenden zutreffenden Aussage, hat sich gezeigt, dass die Häftlinge diverse Handlungs- und Beeinflussungsmöglichkeiten für ein Überleben dieser „Hölle" entwickeln konnten. Der Kampf ums Überleben, der vollständig den Lageralltag durchdrang bzw. dessen Essenz ausmachte, wurde und konnte größtenteils nicht mit, sondern wurde gegen die Anderen geführt. Wolfgang Sofsky bringt diesen Aspekt durch den nachstehenden kurzen Satz auf den Punkt: „Das Töten des anderen ist die einfachste Form des Überlebens."[393] Denn jeder eigene Vorteil den man sich erkämpft hatte, ging zu Lasten eines anderen, den man beispielsweise den wichtigen Schlafplatz oder die letzte wärmende Jacke, oft ohne es zu wissen und unabsichtlich, wegnahm.

391 Wagner: Produktion des Todes. S. 29.

392 Frankenthal, Hans: Verweigerte Rückkehr. Erfahrungen nach dem Judenmord. Frankfurt am Main 1999. S. 86.

393 Sofsky: Die Ordnung des Terrors: Das Konzentrationslager. S. 173.

Im Verlauf der Untersuchung wurde deutlich, dass der Lageralltag der Häftlinge mit ihren Handlungsweisen nicht nach 'normalen' moralischen Bewertungsmaßstäben beurteilt werden kann, da angesichts der unvorstellbaren Zustände die ethischen Werte im Lager eine Erniedrigung erfuhren bzw. sich von der 'äußeren Welt' überhaupt nicht auf das Lager übertragen lassen. Vergleiche bzw. daraus resultierende etwaige moralische Urteile über bestimmte Handlungen von Häftlingen durch Außenstehende führen aus diesem Grund in den seltensten Fälle zu verwertbaren Ergebnissen und sollten den Zeitzeugen vorbehalten bleiben. Denn nur sie haben die 'andere Welt' des Konzentrationslagers erlebt und sind in der Lage, aus dessen spezifischer Moral heraus, bestimmte Handlungsweisen beurteilen zu können.

Verstärkt wurde der Kampf der Häftlinge untereinander durch die Anonymität der Massen, denn kaum einer konnte sich z.B. seinen Bettnachbarn aussuchen und sprach manchmal sogar nicht einmal seine Sprache. Aufgrund dieser Anonymität war jeder angesichts der Not und des Elends weitestgehend allein und schutzlos: „Der namenlose Häftling war immerzu von einer gereizten, stets nach Essbarem jagenden Meute umgeben.“[394] Ausnahmen durch bestimmte soziale, politische oder nationale Gruppierungen oder schlichtweg freundschaftliche oder familiäre Verbundenheit gab es. Dennoch zeigte sich, dass nur die Kleingruppen die sich gegenseitig vollkommen vertrauten und halfen, meist aufgrund vorheriger Verbundenheit oder durch gemeinsames Schicksal im Lager, ausreichend Möglichkeiten für ein Überleben schaffen konnten. Die Aktivitätsentfaltung und Kontaktinitiative zu anderen Mithäftlingen im Rahmen von Solidarität und Kameradschaftlichkeit in den 'Ersatz'-Familien waren eine außerordentlich wichtige Grundvorrausetzung des Überlebenskampfes. Die Chance des Überlebens hing jedoch zusätzlich von bestimmten physischen Vorrausetzungen wie Alter, Gesundheitszustand und körperlicher Fitness, einem stabilen psychischen Zustand sowie bestimmter Faktoren wie sozialer Kompetenz, kultureller Prägung, sprachlicher Fähigkeiten und Kommunikationsmöglichkeiten ab. Ebenso bedeutend war die Fähigkeit zum Anpassen an das Regelsystem der SS in den Lagern, was keineswegs einer Kollaboration gleichkam. Für die eigene psychische Verfassung war es wichtig, Selbstachtung, Disziplin und Identität zu erhalten, bzw. den Verlust so gering wie möglich zu gestalten. Die religiös Gläubigen wie auch die ideologisch-politisch Aktiven, hatten hierbei weitaus bessere Grundvorrausetzungen als die anderen Häftlinge.

Um bei den Selektionen, die in M-D regelmäßig durchgeführt wurden, um die „Arbeitsunfähigen“ heraus zu sieben, nicht ausgewählt zu werden, war es für die Häftlinge elementar, einen äußerlichen jugendlichen Schein zu besitzen. Deswe-

394 Sofsky: Die Ordnung des Terrors: Das Konzentrationslager. S. 181.

gen war es trotz der verheerenden und katastrophalen sanitären Bedingungen überlebensnotwendig, zumindest ein Mindestmaß an Hygiene zu wahren und in einer gerade körperlichen Haltung zu gehen. Die wichtigsten äußeren Faktoren für ein Überleben waren: die Art der Arbeit, die Zusammensetzung und das Verhalten der Wachmannschaften, der Aufbau der Häftlingsgesellschaft, Verhalten der nationalen und sozialen Gruppen zum Einzelnen, die Versorgung mit Kleidung und Ernährung sowie die hygienischen und medizinischen Verhältnisse.

Im Verlauf der Untersuchung wurde deutlich, dass viele der entwickelten Strategien und Handlungsalternativen ambivalente Wirkungen hervorrufen konnten. Je nach individuellem Charakter erzielte z.B. die gedankliche Rückbesinnung auf frühere schöne Zeiten aber im Gegensatz dazu auch die visionäre Zukunftsidee entweder kraft- und hoffnungsspendende Effekte oder aber verursachte im KZ tödliche Willens- und Hoffnungslosigkeit. Auch der emotionale Rückzug aus der Lagerrealität konnte sowohl positive Folgen, in Form von einem psychischen Schutzmechanismus gegen das Leiden und Grauen, aber auch negative Folgen, in Form von sozialer Isolation und Vereinsamung, nach sich ziehen. Der intensive Versuch einer Aufnahme ins Krankenrevier zur Heilung oder als Flucht vor dem Arbeitszwang und den Misshandlungen bedeuteten auf der einen Seite enorme Gefahr durch die Krankheitsherde, konnten jedoch auch zur Genesung beitragen. Im völligen Gegensatz dazu wurde die Vermeidung jeder Nähe zum Krankenrevier ebenso als Strategie angewandt. Der beschriebene Kampf gegen die Läuse einerseits, das versuchte Erwerben von Läusen andererseits, waren ebenso zwei zueinander entgegengesetzt stehende Strategien. Ähnlich verhielt es sich mit der Methode der 'überrumpelnden entwaffnende Schlagfertigkeit', deren Ergebnis nicht grundsätzlich positiv verlief, sondern tödliche Folgen haben konnte. Die Sabotage in jeder gearteten Form beinhaltete gleichermaßen enormes Todesrisiko bei Aufdeckung, wurde dennoch oft eingesetzte Methode, sich das Überleben wahrscheinlicher zu machen.

Trotz aller Möglichkeiten die Chancen für ein Überstehen der KZ-Haft zu verbessern, war eine unbestimmbar große Kette von Zufällen und Glück mitbestimmend für das individuelle Überleben des Einzelnen. Häufig wurden im Nachhinein diese Zufälle aus „psychologischer oder soziologischer Quasi-Notwendigkeit“[395] rationalisiert und eine Sinngebung betrieben bzw. eine 'Steuerbarkeit der Ereignisse' hinein interpretiert. In diesem Zusammenhang erschufen die Überlebenden oft philosophische und religiöse Motive als Ursache, die die Zufälle als solches, aufheben sollten. Selbst das Anwenden aller beschriebenen und herausgearbeiteten Strategien und Methoden war angesichts der totalen Macht und Willkür der SS sowie der dargestellten ambivalenten Wirkungen keineswegs eine Garantie für ein

395 Friedmann: Überleben der Shoa – und danach. S. 53.

Überleben, sondern konnte es nur wahrscheinlichter machen. Ob in den anderen KZ dieselben, ähnliche oder gänzlich verschiedene Strategien und Handlungsweisen im Überlebenskampf der Häftlinge im Lageralltag, entwickelt worden sind und in welcher Art und Weise sie sich äußern und erfolgreich sein konnten, ist eine noch nahezu unbehandelte Frage, deren wissenschaftliche Bearbeitung noch aussteht. Um Vergleiche zwischen den verschiedenen Konzentrationslagern zu ermöglichen und allgemeine Aussagen über die Überlebensstrategien des gesamten Konzentrationslagersystems treffen zu können sowie mögliche Gemeinsamkeiten und Kontraste der Strategien der KZ mit den Strategien anderer Zwangslager gegenüber stellen zu können, sollte dieser Missstand durch weitere Forschungen aufgehoben werden.

5. Quellen- und Literaturverzeichnis

5.1 Quellen

5.1.1 ungedruckte Quellen

Archivalische Quellen der DMD

DMD P1, Bd. 1, Dok. 6
DMD P1, Bd. 1, Dok. 12
DMD P1, Bd. 1, Dok. 14
DMD P1, Bd. 1, Dok. 16
DMD P1, Bd. 2
DMD P1, Bd. 17, Dok. 8
DMD P1, Bd. 26, Dok. 1
DMD P1, Bd. 34
DMD P1, Bd. 45
DMD P1, Bd. 51
DMD P1, Bd. 62
DMD P1, Bd. 96
DMD P1, Bd. 97
DMD P1, Bd. 98
DMD P1, Bd. 131
DMD P1, Bd. 132
DMD P1, Bd. 140

Quellen der DMD, die noch nicht in das neue Verzeichnissystem der Häftlingsberichte eingegliedert wurden

DMD – EB / HR-13
DMD – EB / HR-45
DMD – EB / HF-52
DMD – EB / HF-64
DMD – EB / HP-40
DMD – EH / HP-97

5.1.2 gedruckte Quellen

Biderman, Abraham: The world of my past. Australia 1995.

Bonifas, Aimé: Häftling 20801. Ein Zeugnis über die faschistischen Konzentrationslager. Berlin 1972.

Frankenthal, Hans: Verweigerte Rückkehr. Erfahrungen nach dem Judenmord. Frankfurt am Main 1999.

Gawalewicz, Adolf: Überlegungen im Warteraum zum Gas. Aus den Erinnerungen eines Muselmannes. Gütersloh 1998.

Hanstein, Ewald: Meine hundert Leben. Erinnerungen eines deutschen Sinto. Bremen 2005.
Hessel, Stephane: Tanz mit dem Jahrhundert. Erinnerungen. Zürich, Hamburg 1998.

Kochheim, Friedrich: Bilanz. Erlebnisse und Gedanken. Hannover 1952.

Mouton, André: Unverhoffte Wiederkehr aus dem Harz. Goslar 1999.

Pahor, Boris: Nekropolis. Pößneck 2001.

Rassinier, Paul: Die Lüge des Odysseus. Wiesbaden. 1959.
Rosenbach, Franz: Der Tod war mein ständiger Begleiter. Das Leben, das Überleben und das Weiterleben des Sinto Franz Rosenbach. München 2005.
Rosenberg, Otto: Das Brennglas. Frankfurt am Main 1998.

5.2 Literatur

Arendt, Hannah: Elemente und Ursprünge totaler Herrschaft. Frankfurt am Main 1962.

Benz, Wolfgang; Distel, Barbara (Hg.): Überleben und Spätfolgen. IN: Dachauer Hefte. Studien und Dokumente zur Geschichte der nationalsozialistischen Konzentrationslager. Dachau 8.Jahrgang 2004 Heft 8 (November 1992).
Benz, Wolfgang; Distel, Barbara (Hg.): Das Ende der Konzentrationslager. IN: Dachauer Hefte. Studien und Dokumente zur Geschichte der nationalsozialistischen Konzentrationslager. Dachau 20.Jahrgang 2004 Heft 20 (Oktober 2004).
Benz, Wolfgang; Distel, Barbara (Hg.): Herrschaft und Gewalt. Frühe Konzentrationslager 1933-1939. Berlin 2002.
Bornemann, Manfred: Aktiver und Passiver Widerstand im KZ Dora und im Mit telwerk. Eine Studie über den Widerstand im KZ Mittelbau-Dora. Berlin, Bonn 1994.
Bornemann, Manfred: Geheimprojekt Mittelbau. Vom zentralen Öllager des Deutschen Reiches zur größten Raketenfabrik im zweiten Weltkrieg. Bonn 1994.
Bornschein, Joachim: Raketenschmieden und KZ-Außenkommandos im Eichsfeld und Südharz 1944-1945. Weimar 2003.

Cartellieri, Diether: Erinnerungsveränderungen und Zeitabstand – Ein Beitrag zum Problem der Erinnerungsleistungen in Abhängigkeit vom Behaltensintervall. IN: Masche, Erich: Die deutschen Kriegsgefangenen des Zweiten Weltkriegs. Eine Zusammenfassung. München 1974.

Dieckmann, Christoph; Herbert, Ulrich; Orth, Karin (Hg.): Die nationalsozialistischen Konzentrationslager. Entwicklung und Struktur. Band 1. Göttingen 1998.

Dieckmann, Christoph; Herbert, Ulrich; Orth, Karin (Hg.): Die nationalsozialistischen Konzentrationslager. Entwicklung und Struktur. Band 2. Göttingen 1998.

Drobisch, Klaus; Wieland, Günther: System der NS-Konzentrationslager 1933-1939. Berlin 1993.

Gabriel, Ralph; Mailänder Koslov, Elissa; Neuhofer, Monika; Rieger, Else (Hg.): Lagersystem und Repräsentation. Interdisziplinäre Studien zur Geschichte der Konzentrationslager. Tübingen 2004.

Fiedermann, Angela; Heß, Thorsten; Jaeger, Markus: Mittelbau Dora. Ein historischer Abriss. Berlin, Bonn 1993.

Friedmann, Alexander; Glück, Elvira; Vyssoki, David (Hg.): Überleben der Shoa – und danach. Wien 1999.

Fritz, Ulrich; Kavcic, Silvija; Warmbold, Nicole (Hg.): Tatort KZ. Neue Beiträge zur Geschichte der Konzentrationslager. Ulm 2003.

Henneberg, Ilse: „Niedergefahren zur Hölle – Aufgefahren gen Himmel“. Wernher von Braun und die Produktion der V2-Raketen im KZ-Mittelbau-Dora. Bremen 2002.

Heß, Thorsten; Seidel, Thomas A. (Hg.): Vernichtung durch Fortschritt am Bei spiel der Raketenproduktion im Konzentrationslager Mittelbau. Berlin, Bonn 1995.

Hilberg, Raul: Die Quellen des Holocaust. Entschlüsseln und Interpretieren. Frankfurt am Main 2002.

Jureit, Ulrike: Erinnerungsmuster. Zur Methodik lebensgeschichtlicher Interviews mit Überlebenden der Konzentrations- und Vernichtungslager. Hamburg 1999.

Klein, Hillel: Überleben und Versuche der Wiederbelebung. Psychoanalytische Studien mit Überlebenden der Shoa und mit ihren Familien in Israel und in der Diaspora. Stuttgart, Bad Cannstatt 2003.

Klose, Bernd; Opher-Cohn, Liliane; Pfäfflin, Johannes; Pogany-Wnendt, Peter; Sonntag, Bernd (Hg.): Das Ende der Sprachlosigkeit? Auswirkungen traumatischer Holocaust-Erfahrungen über mehrere Generationen. Gießen 2000.

Kogon, Eugen: Der SS-Staat. Das System der deutschen Konzentrationslager. München 1974.

Laplanche, J.; Pontalis, J.-B.: Das Vokabular der Psychoanalyse. Frankfurt am Main 1972.

Le Maner, Yves; Sellier, André (Hg.): Bilder aus Dora. Zwangsarbeit im Raketentunnel 1943-1945. Berlin, Bonn 2001.

Ludewig-Kedmi, Revital; Spiegel, Miriam V.; Tyrangiel, Silvie (Hg.): Das Trauma des Holocaust zwischen Psychologie und Geschichte. Zürich 2002.

Matussek, Paul: Die Konzentrationslagerhaft und ihre Folgen. Berlin, Heidelberg 1971.

McFarlane, Alexander; van der Kolk, Bessel; Weisaeth, Lars (Hg.): Traumatic Stress. Grundlagen und Behandlungsansätze. Theorie, Praxis und Forschungen zu posttraumatischem Stress sowie Traumtherapie. Paderborn 2000.

Mitscherlich, Alexander; Mitscherlich, Margarete: Die Unfähigkeit zu trauern. Grundlagen kollektiven Verhaltens. München 1967.

Müller, Ute: „Untersuchungen zu den Lebens- und Haftbedingungen der Jugend lichen, der Frauen, der Juden und Zigeuner im KZ Mittelbau-Dora". Unveröffentl. Diplomarbeit. Halle 1985.

Müller-Hohenhagen, Jürgen: Verleugnet verdrängt verschwiegen. Seelische Nachwirkungen der NS-Zeit und Wege ihrer Überwindung. München 2005.

Mußmann, Olaf: „Bunte Lagerprominenz?". Die Funktionshäftlinge im Rüstungs-KZ Mittelbau-Dora. IN: Beiträge zur Geschichte der nationalsozialistischen Verfolgung in Norddeutschland. Heft 4. Abgeleitete Macht – Funktionshäftlinge zwischen Widerstand und Kollaboration. Bremen 1998.

Neander, Joachim: Die letzten von Dora im Gebiet Osterode. Zur Geschichte ei nes KZ-Evakuierungsmarsches im April 1945. Berlin, Bonn 1994.

Neander, Joachim: „Hat in Europa kein annäherndes Beispiel". Mittelbau-Dora – ein KZ für Hitlers Krieg. Berlin 2000.

Nicol, Elisabeth: 50 Jahre danach. Psychisches Trauma aus der Zeit des deutschen Nationalsozialismus und dessen Folgen am Beispiel nordostdeutscher Frauen der damaligen Zivilbevölkerung. Frankfurt am Main 1999.

Niederland, Wiliam G.: Folgen der Verfolgung: Das Überlebenden-Syndrom. Seelenmord. Frankfurt am Main. 1980.

Olbricht, Erhard; Wiesse, Jörg (Hg.): Ein Ast bei Nacht kein Ast. Seelische Folgen der Menschenvernichtung für Kinder und Kindeskinder. Göttingen 1994.

Orth, Karin: Das System der nationalsozialistischen Konzentrationslager. Eine politische Organisationsgeschichte. Hamburg 1999.

Pingel, Falk: Häftlinge unter SS-Herrschaft. Widerstand, Selbstbehauptung und Vernichtung im Konzentrationslager. Hamburg 1978.

Pisarski, Angelika: ...um nicht schweigend zu sterben – Gespräche mit Überlebenden aus Konzentrationslagern. München 1989.

Quindeau, Ilka: Trauma und Geschichte. Interpretationen autobiographischer Erzählungen von Überlebenden des Holocaust. Frankfurt am Main 1995.

Rahe, Thomas: Die Bedeutung der Zeitzeugenberichte für die historische Forschung zur Geschichte der Konzentrations- und Vernichtungslager. IN: Beiträge zur Geschichte der nationalsozialistischen Verfolgung in Norddeutschland. Heft 2. Kriegsende und Befreiung. Bremen 1995.

Rothfels, Hans; Eschenburg, Theodor: Studien zur Geschichte der Konzentrationslager. IN: Schriftenreihe der Vierteljahreshefte für Zeitgeschichte. Nummer 21. Stuttgart 1970.

Schafranek, Hans; Streibel, Robert (Hg.): Strategie des Überlebens. Häftlingsgesellschaften in KZ und Gulag. Wien 1996.

Schwarz, Gudrun. Die nationalsozialistischen Lager. Frankfurt am Main 1997.

Sedlaczek, Dietmar: „...das Lager läuft dir hinterher“. Leben mit nationalsozialistischer Verfolgung. Berlin 1996.

Sellier, André: Zwangsarbeit im Raketentunnel. Geschichte des Lagers Dora. Lüneburg 2000.

Sofsky, Wolfgang: Die Ordnung des Terrors: Das Konzentrationslager. Frankfurt am Main 1993.

Taterka, Thomas: Dante Deutsch. Studien zur Lagerliteratur. Berlin 1999

Tauke, Oliver: „Genesung“ und „Selektion“. Zur Funktion der Häftlingskranken bauten im KZ-Komplex Mittelbau-Dora. Unveröffentl. Hausarbeit im Rahmen der Ersten Staatsprüfung für Lehramt an Gymnasien. Göttingen 1996.

Tuchel, Johannes: Die Inspektion der Konzentrationslager 1938-1945. Das System des Terrors. Berlin 1994.

Wagner, Jens-Christian (Hg.): Das KZ Mittelbau-Dora. Katalog zur historischen Ausstellung in der KZ-Gedenkstätte Mittelbau-Dora. Göttingen 2001.

Wagner, Jens-Christian: Produktion des Todes. Das KZ Mittelbau-Dora. Göttingen 2001.

Welzer, Harald: Das kommunikative Gedächtnis. Eine Theorie der Erinnerung. München 2002.

Welzer, Harald: Verweilen beim Grauen. Essays zum wissenschaftlichen Umgang mit dem Holocaust. Tübingen 1997.

Wippermann, Wolfgang: Konzentrationslager. Geschichte, Nachgeschichte, Ge denken. Berlin 1999.

Anhang

Anhang 1
Aus: Wagner: Produktion des Todes. S. 630.

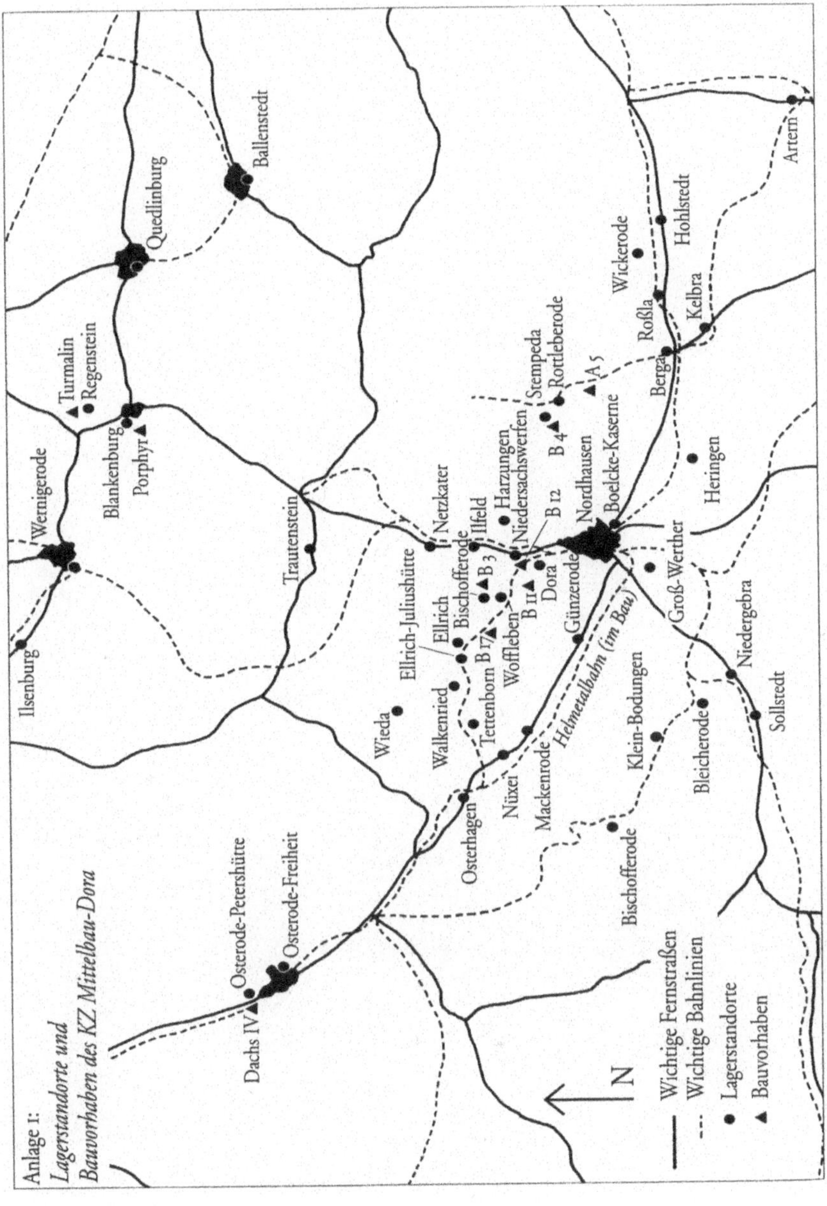

Anhang 2
Aus: Wagner: Produktion des Todes. S. 675.

Plan der unterirdischen Hohlräume des ehemaligen Mittelwerks im Kohnstein (1991)

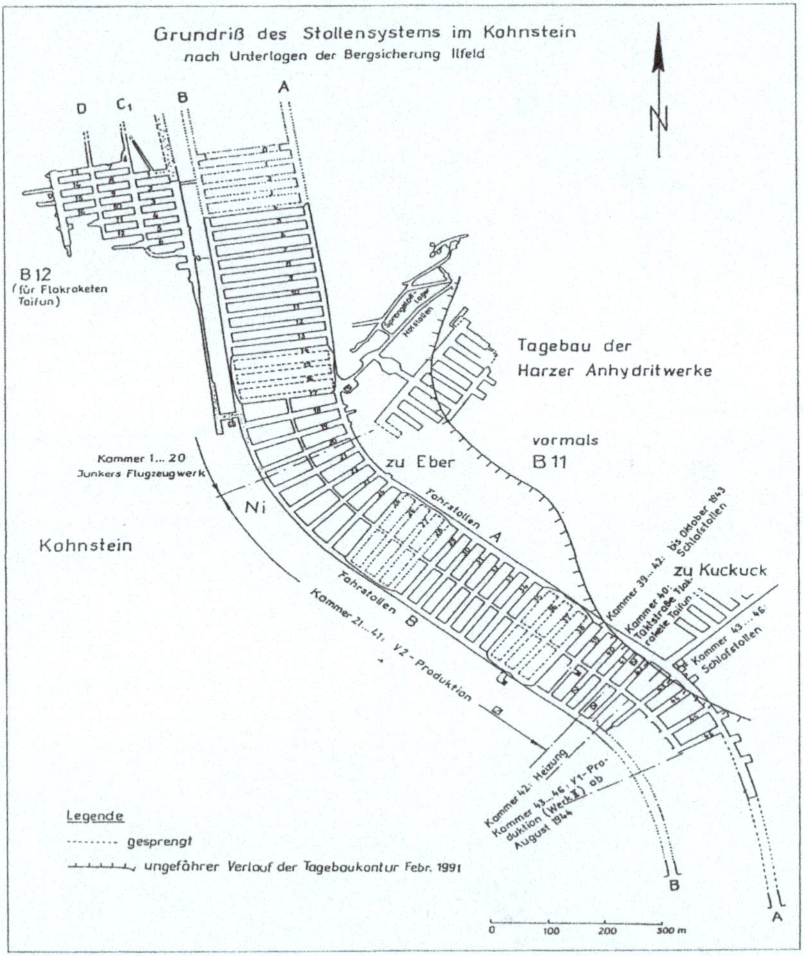

Quelle: KZ-Gedenkstätte Mittelbau-Dora

Anhang 3
Aus: Wagner: Produktion des Todes. S. 676 f.

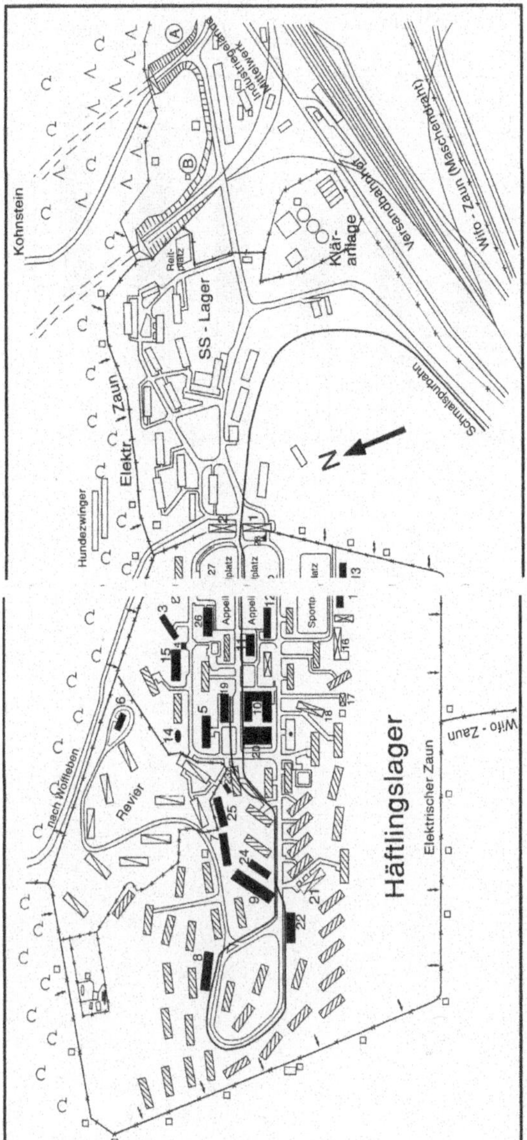

Lageplan des ehemaligen Lagers »Dora«
(nach Wincenty Hein, 1945)

1 Lagerverwaltung
2 Politische Abteilung (Gestapo)
3 Häftlingsunterkunftsbaracke; heute: *Museum, Außenteile original*
4 Feuerwache; heute: *Ausstellung, Reste des Gebäudes sind erhalten*
5 Block der italienischen Militärinternierten; heute: *bauliche Reste*
6 Krematorium; heute: *Gedenkraum*
7 Bad; heute: *bauliche Reste*
8 Kino; heute: *bauliche Reste*
9 Wäscherei; heute: *bauliche Reste*
10 Küche; heute: *bauliche Reste*
11 Lebensmittelmagazin; heute: *bauliche Reste*
12 Häftlingskantine; heute: *bauliche Reste*
13 Lagergefängnis (Bunker); heute: *bauliche Reste*
14 Ort der Erschießung ital. Militärinternierter
15 Bordell; heute: *bauliche Reste*
16 Zimmerei
17 Altmateriallager
18 Werkstattbaracke
19 Gerätekammer; heute: *bauliche Reste*
20 Kohlenschuppen; heute: *bauliche Reste*
21 Kleiderkammer
22 Effektenkammer; heute: *bauliche Reste*
23 Schmutzwäscheschuppen; heute: *bauliche Reste*
24 Kesselhaus; heute: *bauliche Reste*
25 Desinfektion; heute: *bauliche Reste*
26 Schreibstube; heute: *bauliche Reste*
27 Appellplatz mit Gedenksteinen und Wandrelief
28 rekonstruierter Stehbunker

Symbole

- Häftlingsunterkunftsbaracken
- Krankenrevier
- Ⓐ Fahrstollen A (Mittelwerk)
- Ⓑ Fahrstollen B (Mittelwerk)
- nicht feststellbar
- bauliche Reste
- keine baulichen Reste
- SS-Lager

Quelle: KZ-Gedenkstätte Mittelbau-Dora

Anhang 4
Aus: Wagner: Produktion des Todes. S. 259.

Abb. 2: Belegungszahlen der Lager des KZ Mittelbau-Dora, März bis Oktober 1944

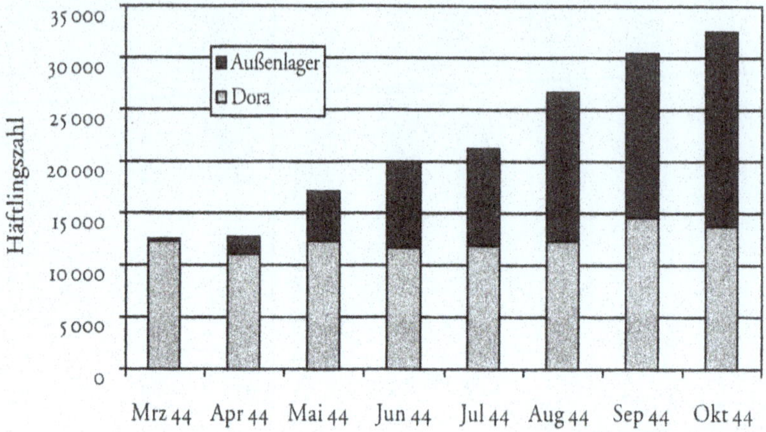

Anhang 5
Aus: Wagner: Produktion des Todes. S. 631 ff.

Übersicht über die Lager des KZ-Komplexes Mittelbau-Dora

Ort - Nebenlager	Bezeichng. des Lagers durch die SS	Bestand von-bis (erst- und letztmalige Erwähnung)	Bele-gungs-zahl	Männer Frauen	Firma/Bauprojekt	Art der Arbeit	Bemerkungen
Nordhausen-Salza	»Dora«, »Mittelbau I«	28.8.1943-11.4.1945	15000	vorw. M	Mittelwerk GmbH, Wifo, Außenkommandos bei über 30 Nordh. Betrieben, B 11, B 12, B 15	Bauarbeiten (u.a. Stollenausbau im Kohnstein V-Waffen-Produktion	Hauptlager des seit 28.10.1944 eigenständigen KZ Mittelbau
- Roßla		31.8.1944-5.4.1945	110	M	Mittelwerk GmbH	Reparatur u. Lagerung defekter A4-Raketen	
- Kelbra		2.11.1944-5.4.1945	60	M	Fa. Rudlof	Lagerung von Raketenteilen	Unterbringung i.d. »Sängerhalle«; Nebenlager v. Roßla
- Quedlinburg		17.9.1944-12.4.1945	58	M	Starkstromanlagen AG, Baubüro	Bau einer Hochspannungsleitung	Ital. Kriegsgef.
- Trautenstein		18.9.1944-11.4.1945	30	M	Sägewerk Wenneis	?	Ital. Kriegsgef.
- Klein-Bodungen	»Emmi«	2.10.1944-5.4.1945	700	M	Mittelwerk GmbH	Reparatur u. Lagerung defekter A4-Raketen	
- Bischofferode/Eichsfeld		4.11.1944-04/45	60	M	Mittelwerk GmbH	Vmtl. A4-Materiallager	Nebenlager von »Emmi«
- Niedergebra		5.11.1944-04/45	40	M	Mittelwerk GmbH	Vmtl. A4-Materiallager	Nebenlager von »Emmi«
- Bleicherode		26.10.1944-04/45	15	M	Fa. Ohl u. Vattrodt	Holzfällarbeiten (?)	Ital. Kgf.

Rottleberode/ Uftrungen (Heimkehle)	A 5,»Heinrich«	13.3.1944-4.4.1945	1000	M	SS-Führungsstab A 5, ab Juli 1944 Thyra-Werk (Junkers), Sägewerk Uftrungen	Bauarbeiten (Höhlenausbau), Prod. v. Flugzeugteilen, Holzkohlenerzeug.	
Rottleberode/ Stempeda	B 4	08/44-4.4.1945	300-700	M	SS-Führungsstab B 4	Bauarbeiten (Stollenvortrieb)	Unterbringung bis 01/45 im Lager A 5
Harzungen	»Hans«, Mittelbau III	1.4.1944-4.4.1945	4000	M	SS-Führungsstäbe B3, B 11, B 13, B 15, Wifo	Bauarbeiten (u.a. Stollenvortrieb)	
Gut Bischofferode	»Anna«	2.4.1944-9.5.1944	300	M	SS-Sonderinspektion II, SS-Führungsstab B 3	Bauarbeiten (u.a. Stollenvortrieb im Himmelberg)	
Woffleben		04/44 - ?	2500	M	SS-Sonderinspektion II, SS-Führungsstab B 3	Bauarbeiten (u.a. Stollenvortrieb)	Evtl. identisch mit Lager »Anna«
Ellrich-Juliushütte	»Erich«, Mittelbau II	2.5.1944-5.4.1945	8000	M	SS-Führungsstäbe B 3a, B 11, B 12, B 13, B 17, Mittelwerk GmbH, div. Ellricher Betr.	Bauarbeiten (u.a. Stollenvortrieb), Hilfsarbeit in Ellricher Betrieben	
- Woffleben	»B 12«	3.1.1945-4.4.1945	1000	M	SS-Führungsstab B 12	Bauarbeiten (u.a. Stollenvortrieb)	
- ?	»Alfred I«	26.3.1945 - ?	60	?	?	?	nicht lokalisiert
Niedersachswerfen	B 11	12.5.1944 - ?	500	M	SS-Führungsstab B 11	Bauarbeiten (u.a. Stollenvortrieb)	Existenz des Lagers nicht belegt
Wieda	SS-Baubrig. III	11.5.1944-7.4.1945	250	M	SS-Führungsstab B 13	Gleisbauarbeiten (Helmetalbahn)	Am 15.1.1945 KZ Sachsenhausen unterstellt
- Nüxei	SS-Baubrig. III	19.6.1944-6.4.1945	300	M	SS-Führungsstab B 13	Gleisbauarbeiten (Helmetalbahn)	Nebenlager von Wieda
- Osterhagen	SS-Baubrig. III	5.7.1944-6.4.1945	300	M	SS-Führungsstab B 13	Gleisbauarbeiten (Helmetalbahn)	Nebenlager von Wieda

- Mackenrode/ Tettenborn	SS-Baubrig. III	22.7.1944-6.4.1945	300	M	SS-Führungsstab B 13	Gleisbauarbeiten (Helmetalbahn)	Nebenlager von Wieda
- Walkenried	SS-Baubrig. III	08/44-?	300	M	SS-Führungsstab B 13	Gleisbauarbeiten (Helmetalbahn)	Existenz des Lagers nicht belegt
- Tettenborn	SS-Baubrig. III	Vmtl. 02/44-04/45	300	M	SS-Führungsstab B 13	Gleisbauarbeiten (Helmetalbahn)	Vermutl. Nebenlager von Wieda
Ellrich (Gaststätte Bürgergarten)	SS-Baubrig. IV	17.5.1944-10.4.1945	950	M	SS-Führungsstab B 13	Bauarbeiten (Infrastruktur, Helmetalbahn)	Am 13.1.1945 KZ Sachsenhausen unterstellt
- Günzerode	SS-Baubrig. IV	4.9.1944-04/45	950	M	SS-Führungsstab B 13	Bauarbeiten (Helmetalbahn)	Nebenlager von Ellr.-Bürgergarten
Sollstedt (Schacht Neu-Sollstedt)	SS-Baubrig. I	9.9.1944-5.4.1945	550	M	SS	Einrichtung eines unterirdischen SS-Materiallagers	Am 15.1.1945 KZ Sachsenhausen unterstellt
- Hohlstedt	SS-Baubrig. I	10/44-6.4.1945	200	M	SS	Gleisbauarbeiten u.a. in Sangerhausen u. Wahlhausen	Nebenlager von Sollstedt
u.a. Raum Doullens (F), später u.a. Raum Nordh.	SS-Baubrig. V	09/44-04/45	500	M	SS	u. a. Gleisbau- und Aufräumungsarbeiten	Bis Okt. 1944 Stellungsbau für V-Waffen, Herbst 1944 Bauleit. B 15, größter Teil als SS-Eisenbahnbaubrig. 5 fortgef.; 13.1.1945 KZ Sachsenhausen unterstellt

Berga	SS-Eisenb.-Baubrigade 1 (Baubrig. VI)	12.9.1944-04/45	500	M	SS	Vermutlich Gleisbauarbeiten	Am 13.1.1945 KZ Sachsenhausen unterstellt
Heringen	SS-Eisenbahn-Baubrigade 3	3.10.1944-04/45	400	M	SS	Vermutlich Gleisbauarbeiten	Am 13.1.1945 KZ Sachsenhausen unterstellt
Osnabrück	SS-Eisenbahn-Baubrigade 5	10/44-05/45	410	M	SS	Aufräumungsarbeiten	Gebildet a. Teilen der SS-Baubrig. V, 13.1.1945 KZ Sachsenhausen unterst.
Brühl/Köln	SS-Eisenbahn-Baubrigade 6	?	500	M	SS	?	
Stuttgart	SS-Eisenbahn-Baubrig. 2 od. 7	19.9.1944-04/45	500	M	SS	?	Am 13.1.1945 KZ Sachsenhausen unterstellt
Stuttgart	SS-Eisenbahn-Baubrigade 8	11/44-04/45	500	?	?	?	Am 13.1.1945 KZ Sachsenhausen unterstellt
Osterode-Freiheit	Fa. Curt Heber	25.9.1944-5.4.1945	600	M	Hebers Maschinen- u. Apparatefabrik (HEMAF); z.T. auch Fa. Piller u. Fa. Kellermann	Produktion von Bombenabwurfgeräten u.ä., Holzfällarbeiten	
Osterode-Petershütte	»Dachs IV«	20.11.1944-21.3.1945	300-950	M	OT-Einsatzgruppe IV, Rhenania-Ossag AG (Hamburg)	Bauarbeiten (u.a. Stollenvortrieb)	Geilenberg-Projekt
Blankenburg-Oesig	»Klosterwerke GmbH«, Porphyr	25.8.1944-6.4.1945	580	M	OT-Einsatzgruppe IV, Klosterwerk	Stollenvortrieb (Grube Braune Sumpf), Barackenbau	

Regenstein bei Blankenburg	»Turmalin«, »Oda-Werk«	11/44-6.4.1945	400	M	OT-Einsatzgruppe IV, Oda-Werk, Fa. Schäffer u. Budenberg	Bauarbeiten (u.a. Stollenvortrieb)	Bis 1.2.1945 ital. Militärinternierte; seit 1.2.1945 Außenlager des KZ Mittelbau
Artern	»Adorf«, »Rebstock neu«	20.11.1944-5.4.1945	250	M	Fa. Geyer und Sohn, Sangerhausen (Gollnow, Stettin)	Elektr. Ausstattung für A4-Bodenteile	Verlagerung des »Vorwerkes West«, Lager »Rebstock«
Nordhausen, Boelcke-Kaserne	Boelcke-Kaserne	8.1.1945-11.4.1945	700-5700	Vorw. M	SS-Führungsstab B 11, über 30 versch. Nordh. Betriebe	Bauarbeiten (u.a. Stollenvortrieb), Produktion in div. Nordh. Betrieben	Teile ab Februar 1945 »Krankenlager«
Ilfeld		9.1.1945-4.4.1945	80	M	u.a. Mittelwerk GmbH, Papierfabrik Günther	u.a. Schraubenherstellung	
Wickerode		15.1.1945-04/45	30	M	SS-Sonderinspektion II, SS-Führungsstab B 18 (?)	Bauarbeiten (?)	Ital. Kriegsgef.
Ilsenburg		1.3.1945-04/45	15	M	Farben- u. Lackfabrik Drube		Ital. Kriegsgef.
Tettenborn		Vmtl. März 1945	28	M	?	Verladearbeiten am Bahnhof	Evtl. ident. mit Lager Tettenborn der SS-Baubrigade III
Groß-Werther		15.3.1945-4.4.1945	285	F		Überwiegend keine Arbeitstätigkeiten	
Ballenstedt (Napola)		17.3.1945-04/45	60	M	?	?	

Anhang 6
Aus: Wagner: Produktion des Todes. S. 648.

Übersicht über die ethnische Zusammensetzung der Lagerbelegschaften im KZ Mittelbau-Dora

	Datum	*Russen %*	*Polen %*	*Franzosen %*	*Reichsdeut. %*	*Belgier %*	*Roma/ Sinti %*	*Ung. Juden[2] %*	*Tschechen %*	*Italiener%*	*Jugoslawen %*	*Niederländ. %*	*Andere %*	*Gesamt (abs.)*
Dora	01.11.44	29,3	28,1	17,2	8,4	1,6	2,7	3,4	4	2	1,3	0,6	1,2	13816
	01.04.45	26,6	34,2	15,3	7,5	1,8	1,4	4,5	4,3	1	1,2	0,6	1,3	15733
Ellrich-Juliushütte	01.11.44	30,2	22,3	17,4	2,5	8,4	4,1	6,4	3,6	1,6	2,1	0,4	0,9	8002
	01.04.45	32,6	22,8	10,3	4,5	7,5	9,9	5,4	3,6	0,6	1,4	0,4	1,1	6552
Harzungen	01.11.44	23,8	19,6	13,9	3,2	18,8	10,9	4,5	1,9	–	–	2	0,8	4009
	01.04.45	32,6	29,9	9,3	4,6	6,5	5,6	4,8	2	1,1	1,2	0,3	0,8	4707
SS-Baubrigaden	01.11.44	43,3	27	11,6	9,7	0,3	0,8	< 0,1	1,4	–	1,2	0,3	11,8[4]	4327
	01.04.45[1]	33,2	32,6	8,8	14,1	1,3	1,6	0,2	3,1	2	1,4	1,1	0,5	3845
Boelcke-Kaserne	01.04.45	18,7	37,9	14,3	8,1	7	1,2	6,5	2,6	1,1	1,1	0,5	1	5713
Kleinbodungen	um 11/44	28,6	31	11,8	21,6	0,5	1,3	0,3	3,1	0,2	0,5	0,3	0,8	627
Blankenburg	1.11.44 (?)	13,2	3,2	5,2	2,4	73,4	–	–	0,8	0,2	0,8	0,4	0,2	500
Osterode (Heber)	01.11.44	25,9	52,4	13,6	4,5	1,7	–	–	1	–	–	–	1	286
Rottleberode	01.11.44	25,1	44,8	17,4	2,4	1,9	–		6,9	–	–	–	2	846
Gesamtkomplex KZ	01.11.44	29,2	25,7	15,7	6,5	6,3	3,6	3,6	3,3	1,5	1,5	0,4	2,5	32475
Mittelbau	01.04.45	27,2	24,2	12,7	8	4,8	3,6	4,4	3,6	1	1,2	0,6	1,2	40202
Tote KZ Mittelbau	21.12.44-20.1.45	8,9	17,4	29,8	1,7	19	3	8,5[3]	1,2	1,7	1,7	0,5	0,7	763

Zusammengestellt nach: ITS (Arolsen)-Material, DMD, 1.4.3./3; Häftlingslisten KZ Mittelbau, DMD, Mikrofilm B 1,; Aufstellung der zwischen dem 21.12.1944 und dem 20.1.1945 im KZ Mittelbau verstorbenen Häftlinge, NAW, M-1079, Roll 11, Bl. 602.

1 Die SS-Baubrigaden unterstanden zu diesem Zeitpunkt formal nicht mehr dem KZ Mittelbau, sondern dem KZ Sachsenhausen.
2 Für den 1.11.1944 sind in den Akten (außer: Lager Klein-Bodungen) explizit ungarische Juden aufgeführt, für den 1.4.1945 dagegen allgemein Ungarn.
3 Diese Zahl gilt für alle in diesem Zeitraum im Komplex Mittelbau verstorbenen jüdischen Häftlinge, nicht nur für die ungarischen Juden.
4 Darunter 11,3 % nicht feststellbar.